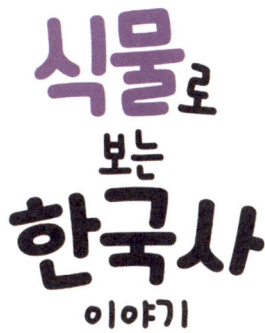

식물로 보는 한국사 이야기 ❷
조선 전기부터 조선 중기까지

1판 1쇄 인쇄 2023년 12월 20일

글쓴이   신현배
그린이   김규준

펴낸이   이경민
펴낸곳   ㈜동아엠앤비
주소   (03972) 서울특별시 마포구 월드컵북로22길 21 2층
전화   (편집) 02-392-6901 (마케팅) 02-392-6900
팩스   02-392-6902
이메일   damnb0401@naver.com
SNS
출판등록 2014년 3월 28일(제25100-2014-000025호)

ISBN 979-11-6363-744-8 74810
     979-11-6363-742-4 74810 (세트)

※ 책 가격은 뒤표지에 있습니다.
※ 잘못된 책은 구입한 곳에서 바꿔 드립니다.
※ 사진 출처: 국립중앙박물관, 문화재청, 위키백과, 셔터스톡 코리아

 도서출판 뭉치는 ㈜동아엠앤비의 어린이 출판 브랜드로, 아이들의 지식을 단단하게 만들어주고, 아이들의 창의력과 사고력을 키워주어 우리 자녀들이 융합형 창의 사고뭉치로 성장할 수 있도록 좋은 책을 만들겠습니다.

작가의 글

식물을 통해 본 5천 년 우리 역사 이야기

현재 지구상에는 30여만 종에 이르는 식물이 있고, 우리 한반도에는 4천 5백여 종의 식물이 자라고 있다고 하지?

인간은 오랜 세월을 식물과 함께 살아왔어. 식물은 인간의 삶에 많은 도움을 주고 있지. 산소를 생산하여 인간이 숨을 쉬도록 해 주고, 열매와 씨앗으로 먹을 양식과 병을 치료하는 약이 되어 주지. 또한 자신의 몸을 바쳐 집을 짓는 재료가 되어 주고, 꽃을 피워 인간을 즐겁게 해 준단다.

식물은 인간의 삶에서 없어서는 안 될 소중한 존재야. 인간은 식물을 벗어나서는 삶을 유지할 수가 없지.

인류 역사를 돌아보더라도 식물이 남겨 놓은 발자취는 곳곳에서 찾아볼 수 있어. 그럴 수밖에 없는 것이, 식물은 언제나 인간과 깊은 유대 관계를 맺으며 인간과 함께해 왔거든. 아마도 식물이 없었다면 인류 역사는 아예 시작되지 않았을 거야.

벼는 우리나라를 포함한 동아시아와 동남아시아 지역에서 주로 재배하는 농작물이야. 그 열매의 껍질을 벗겨 낸 것을 쌀이라고 하는데, 전 세계 40퍼센트에 이르는 사람들이 쌀을 주식으로 하고 있어.

벼농사는 지금부터 1만 년 전쯤에 중국 남부와 인도, 인도차이나 반도 등지에서 시작되었다고 해. 그리고 우리나라에는 중국을 거쳐 전해졌으며, 신석기 시대 후반부터 벼농사가 시작되어 삼한 시대에 이미 쌀을 식량으로 이용했다고 알려져 있어.

아시아에서 인류의 문명을 꽃피우게 한 식물이 바로 벼이지. 인간이 벼농사를 지어 정착 생활을 함으로써 인구가 늘어나고, 잉여 생산물 때문에 계급 사회가 되었다고 하지? 벼 하나만 보더라도 식물이 어떻게 인류의 역사를 바꾸었는지 알 수 있겠지?

그런데 재미있는 것은, 식물과 관련된 일 때문에 역사의 물줄기가 바뀐 경우가 적지 않았다는 거야.

우리 역사를 살펴보면, 종이가 발명되기 전에는 작은 나뭇조각인 목간에 문자를 기록했다지. 천년 왕국 신라는 참나무를 구운 숯으로 망했다는 이야기가 있어. 또한 벌레가 갉아 먹게 해 오동나무 잎에 쓴 글자 '주초위왕(走肖爲王)'이 기묘사화를 불러오거나, 임진왜란은 후추 때문에 일어났고, 소나무로 만들어진 판옥선·거북선 때문에 조선이 일본을 이겼대. 그리고 이순신 장군은 벼농사·보리농사를 지어 수군을 먹여 살렸고, 유성룡이 칡넝쿨로 임진강에 다리를 만들어 명나라 대군을 건너게 해서 일본군에게 빼앗겼던 한양을 탈환할 수 있었단다.

그런가 하면, 공물을 쌀로 받는 대동법이 조선을 살렸고, 진주민란은 곡식을 농민에게 꾸어 주는 환곡 때문에 일어났지. 그리고 임오군란은 겨와 모래와 돌이 섞인 쌀 때문에 일어났으며, 대한민국 임시 정부는 하와이 사탕수수 농장 한인 노동자들의 피땀으로 운영되었단다.

『식물로 보는 한국사 이야기』(전3권)는 식물을 통해 본 우리 역사 이야기야. 5천 년 한국사에서 우리 민족과 함께했던 여러 식물의 이야기를 한자리에 모았어.

딱딱하고 지루한 역사 이야기가 아니라, 마늘·쑥·쪽풀·메밀·차나무·쌀·보리·소나무·대나무·갈대·연꽃·향나무·금송·모란·마·은행나무·버들·닥나무·호두나무·봉선화·목화·콩·복숭아나무·귤나무·회화나무·뽕나무·참외·수박·오동나무·매화나무·탱자나무·인삼·고구마·감자·배추·커피·구상나무·느티나무·사탕수수·무궁화·벚나무·옥수수·대왕참나무·밀 등등 다양한 식물들이 주인공으로 등장하여 흥미진진한 역사 이야기가 펼쳐진단다.

우리 역사에 영향을 미친 식물 이야기를 읽다 보면 5천 년 한국사가 한눈에 들어오고, 새로운 눈으로 역사를 볼 수 있는 좋은 기회가 될 거야.

2023년 가을에
신현배

차례

작가의 글 • 004

- 01 태조 이성계는 꽃 가꾸기를 좋아했다? • 012
- 02 숲이 아름다운 임금의 정원, 창덕궁 후원 • 018
- 03 "남산 위에 저 소나무", 백만 그루를 심어 가꾸다 • 024
- 04 콩을 갈아 만든 조선 두부, 명나라 황제의 입맛을 사로잡다 • 030
- 05 이율곡은 화석정 정자를 지을 때 왜 송진이 많은 소나무를 썼을까? • 036
- 06 '소나무를 함부로 베지 마라!', 조선 왕조의 소나무 보호 정책 • 042
- 07 안평 대군, 복숭아꽃 가득 핀 무릉도원을 안견에게 그리게 하다 • 046
- 08 귤이 나왔다고 과거를 보다 • 052
- 09 정이품 벼슬을 받은 소나무 • 058
- 10 농사의 신에게 제사를 지낸 임금, 손수 밭을 갈다 • 064
- 11 흉년에 백성들은 풀뿌리와 나무껍질을 캐거나 뜯어먹었다? • 070
- 12 선비들은 왜 회화나무를 아끼고 사랑했을까? • 074
- 13 왕비가 뽕잎을 따고 누에를 치다 • 080
- 14 조선 시대에는 꽃에 미친 사람들이 많았다? • 084
- 15 조선 시대 사람들은 밥 대신 참외를 먹고, 참외 먹기 내기를 했다? • 090
- 16 사헌부 감찰들은 날마다 차를 마시며 회의를 했다? • 094
- 17 관리들은 쌀·보리·베를 봉급으로 받았다? • 100

18 나뭇잎 한 장이 기묘사화를 불렀다? • 106
19 수박을 훔친 죄로 곤장 100대를 때리고 귀양을 보냈다? • 112
20 황해도 봉산 갈대밭이 큰 도적 임꺽정을 낳았다? • 118
21 거문고를 만들려고 오동나무를 베었다가 벼슬에서 쫓겨난 관리들 • 124
22 선비들은 왜 매화를 사랑했을까? • 132
23 옛날에는 누구나 짚신을 삼았다? • 136
24 황형 장군은 임진왜란이 일어날 줄 알고 미리 소나무를 심었다? • 142
25 임진왜란이 후추 때문에 일어났다? • 148
26 임진왜란은 소나무로 만들어진 판옥선·거북선 덕분에 이겼다? • 154
27 벼농사·보리농사를 지어 수군을 먹여 살린 이순신 • 162
28 칡넝쿨로 임진강에 다리를 만들어 명나라 대군을 건너게 한 유성룡 • 166
29 임진왜란 때 조선의 식물들도 포로로 잡혀갔다? • 174
30 어려운 사람들을 돕기 위해 쌀 나눔을 실천한 경주 최 부잣집과 구례 운조루의 류 부잣집 • 178
31 공물을 쌀로 받는 대동법이 조선을 살렸다? • 184
32 녹두죽이 병자호란 때 남한산성 병사들을 살렸다? • 190
33 조선 시대에는 역관들이 인삼 무역을 했다? • 196

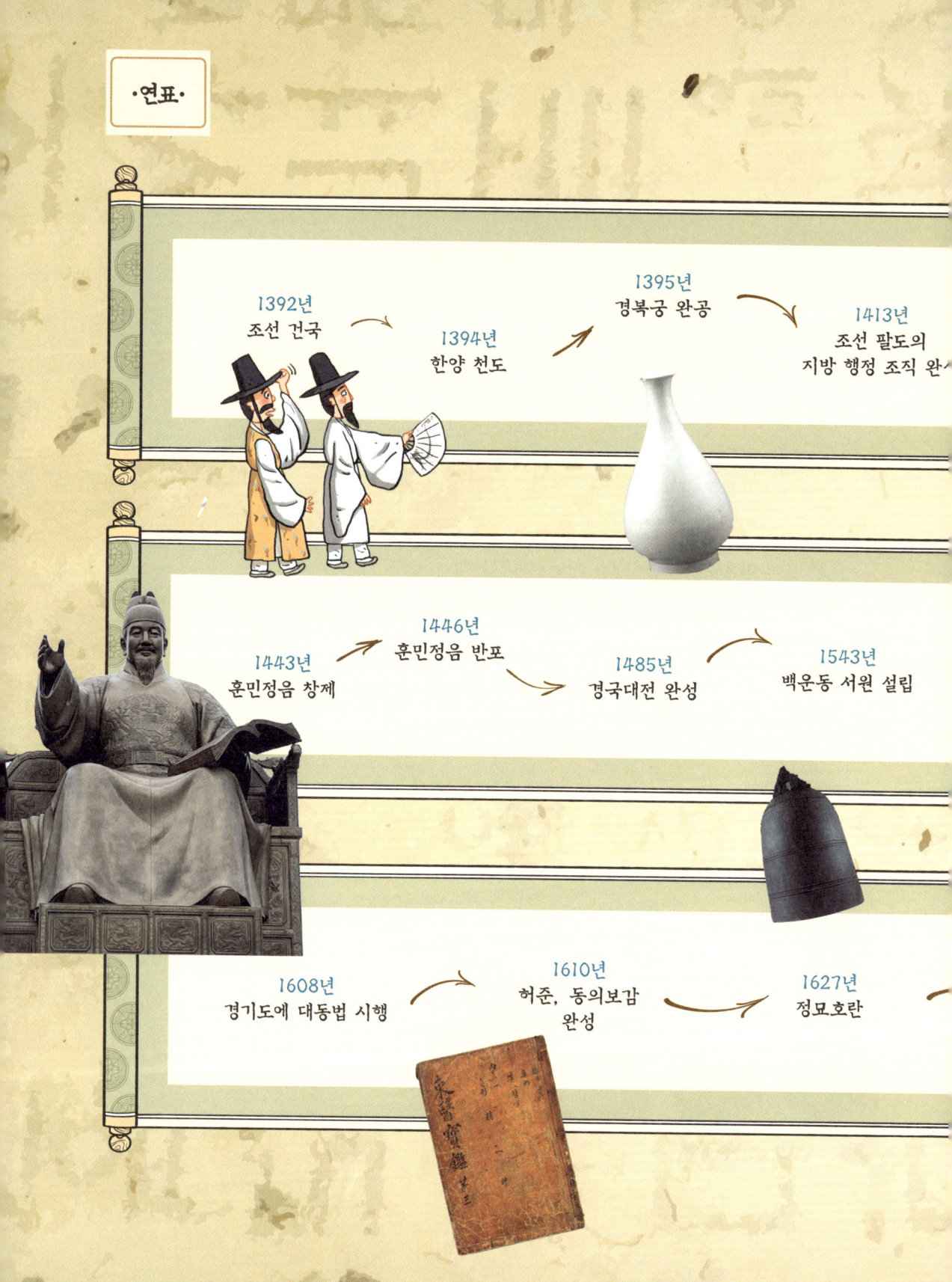

01

태조 이성계는
꽃 가꾸기를 좋아했다?

조선 왕조를 세운 태조 이성계는 고려 말에 가는 곳마다 승리를 거둔 명장이었어. 또한 활을 잘 쏘는 당대 최고의 장수였지. 그런데 이성계가 꽃 가꾸기를 좋아했다는 사실을 아니?

위화도 회군 사건으로 권력을 잡았다가 왕위에 올랐을 때 이성계는 고려의 왕이었어. 이제는 고려 왕조를 무너뜨리고 새로운 왕조를 세워야겠다는 생각을 했지. 하지만 그것은 쉬운 일이 아니었어. 새로운 왕조를 세우면 도읍지도 개경에서 한양으로 옮겨야 했거든.

이성계가 이런저런 문제로 밤잠을 이루지 못하고 고민할 때 환관 김사행이 말했어.

"전하, 온갖 걱정으로 마음이 어지러울 때는 궁궐 밖으로 나가 바람을 쐬는 것이 좋습니다. 저와 함께 팔각정으로 행차하시겠습니까?"

"팔각정이라고? 궁궐 밖에 그런 정자가 있느냐?"

"예, 그냥 정자가 아니고 고려 왕실의 화원이었던 곳입니다."

"지금은 폐허가 되었을 텐데 왜 그리로 가자는 거냐?"

"폐허가 아닙니다. 제가 꽃을 심고 가꾸었습니다. 꽃이 활짝 피어서 아주 볼 만합니다."

이성계는 김사행을 따라 팔각정으로 향했어. 팔각정 아래에는 크고 작은 꽃밭이 있었어. 금강초롱·꽃다지·미역취·원추리·갱갱이·두메양귀비·오라비난초·제비동자 등 온갖 아름다운 꽃들이 피어 있었단다.

"오, 꽃들이 예쁘구나. 네가 혼자서 꽃밭을 가꾸었느냐?"

이성계가 묻자 김사행이 대답했어.

"아닙니다. 내관들이 함께 꽃밭을 가꾸었습니다."

이성계는 팔각정으로 눈길을 돌렸어.

"저 낡은 정자는 무엇을 하던 곳이냐?"

"예, 예성강을 내려다보는 전망대였는데 지금은 아무도 이용하는 사람이 없어 묘판을 설치하여 꽃모종을 기르고 있습니다."

"으음, 그래? 어디 한번 가 보자."

이성계는 팔각정으로 올라갔어. 팔각정 안에는 나무로 칸을 만든 묘판이 설치되어 있었지. 묘판에는 괭이밥·노루귀·앵초·바람꽃 등의 봄 화초, 채송화·쑥부쟁이·구절초·수선화·접시꽃 등의 여름·

가을 화초들의 모종이 칸마다 자라고 있었단다.

이성계는 아름다운 꽃들을 보니 온갖 걱정과 근심이 다 사라지는 듯했어. 궁궐로 돌아온 그는 그날 밤 평안히 잠들 수 있었지.

이성계는 김사행에게 명하여 낡은 팔각정을 수리했어. 팔각정 주위에 나무를 심고 돌을 설치해 화원으로 아름답게 꾸몄지. 그러자 사헌부·사간원·홍문관 등 삼사의 관원들이 이성계에게 상소했어.

"전하, 이제 곧 한양으로 도읍지를 옮길 텐데, 아무 쓸모없는 정자에 그렇게 많은 수리비를 들여서야 되겠습니까?"

이성계는 아무 대꾸도 하지 않았어. 무슨 생각을 하는지 눈을 지그시 감고 혼자 빙그레 웃기만 했지.

그런데 팔각정을 수리한 뒤부터 궁궐에서는 시도 때도 없이 임금이 사라지는 일이 빈번하게 일어났어. 임금을 모시는 내시부 내관들도, 승정원 관리들도 임금이 어디로 갔는지 알지 못했지.

어느 날 사헌부 관리인 안경검이 이성계를 미행하여 임금이 팔각정 화원을 자주 간다는 사실을 알아냈어. 그다음 날 안경검은 임금이 다니는 길목을 지키고 있다가 이성계가 김사행을 데리고 나타나자 그 앞을 가로막았어.

"전하, 왜 자꾸 화원에 가십니까? 군왕이라면 백성들을 돌보셔야지요. 어째서 꽃

을 가꾸는 일로 시간을 낭비하시는 겁니까?"

"너는 어찌하여 나를 궁궐 안에 가둬 두려 하느냐? 꽃을 가꾸는 것은 결코 시간을 낭비하는 일이 아니다. 내가 이 일로 얼마나 마음의 안정을 찾았는지 아느냐? 너는 촌각을 다투는 나랏일이 아니라면 내게 고하지 말아라!"

이성계는 안경검에게 엄하게 말하고 팔각정으로 향했어.

앞서 걷던 이성계는 갑자기 걸음을 멈추고 길바닥을 내려다보았어. 그의 눈길이 머문 곳은 노랗게 핀 씀바귀꽃이었어. 김사행이 조심스럽게 물었지.

"전하, 씀바귀꽃을 캐어 화원에 심을까요?"

이성계는 고개를 가로저었어.

"아니다. 흔한 꽃이지만 아름답지 않으냐? 우리가 캐어 가면 백성들이 보지 못할 거야. 나중에 씨를 품으면 거두어 화원에다 뿌리도록 하지."

이성계는 팔각정 화원으로 가서 손수 물을 주고 꽃을 가꾸었어. 얼굴에서는 웃음이 떠나지 않았지. 이성계는 도읍지를 한양으로 옮긴 뒤에도 경복궁에 화원을 꾸미고 꽃을 가꾸었어.

'궁궐뿐만 아니라 한양이 꽃으로 덮인다면 얼마나 좋을까?'

이성계는 이런 생각을 하며 백성들을 꽃처럼 정성껏 돌보았단다.

폭군으로 알려진 연산군이
꽃을 좋아하는 왕이었다고요?

조선 제10대 연산군은 조선 왕조의 대표적인 폭군으로 손꼽히는 인물이야. 무오·갑자사화를 일으켜 많은 문신을 처형했고 사치와 낭비를 일삼았어. 악행을 많이 저지르고 방탕한 생활을 했다고 하여 우리나라 역사상 최악의 임금으로 평가되고 있지.

그런데 이런 연산군이 꽃을 얼마나 좋아했는지 아니?

『조선왕조실록』「연산군일기」에는 연산군에 대해 자질이 총명하지 못한 위인이어서 어릴 때 학문을 좋아하지 않았다고 기록했어. 하지만 연산군을 가르쳤던 송일의 증언에 따르면, 세자 시절 연산군은 아주 총명했다고 해. 특히 시를 좋아하여 시문을 잘 지었대. 임금이 되었을 때는 신하들에게 하고 싶은 이야기를 시로 써서 내렸다는구나.

연산군은 자신이 쓴 시를 모아 시집까지 만들었는데, 연산군을 임금 자리에서 쫓아낸 반정군이 춘추관에 있는 시집을 불태웠다고 해. 이런 사실 하나만 보더라도 연산군이 꽃을 좋아했다는 것은 자연스럽게 여겨지지? 연산군이 잔인한 성품을 가졌어도 시를 지을 만큼 감수성이 풍부했으니 말이야.

연산군은 꽃을 매우 좋아하여 경복궁 옆에 있는 장원서에 온갖 아름다운 꽃들을 모아 놓았어. 그가 유독 좋아한 꽃은 왜철쭉이었지. 이 꽃은 조선 초기만 해도 그리 흔하지 않았어. 세종 때 일본에서 몇 그루 들여와 왕족들이 화분에 심어 나눠 가졌지. 연산군은 왜철쭉이 있다고 하면 사람을 보내 뿌리에 흙을 매단 채 한양으로 가져왔단다.

그 뒤 연산군이 꽃을 좋아한다는 사실을 안 지방 관찰사들이 임금에게 잘 보이려고 아무 꽃이든 한양으로 급히 보냈대. 꽃이 말라 죽지 않게 뿌리에 흙을 매단 채로 말이야. 하지만 연산군이 임금의 자리에서 물러나면서 이런 소동은 더 이상 일어나지 않았지.

02

숲이 아름다운 임금의 정원, 창덕궁 후원

창덕궁은 서울시 종로구 와룡동에 있는 조선 시대의 궁궐이야. 사적 제122호로 지정되어 있고, 경복궁·창경궁과 함께 조선 시대의 3대 궁궐로 꼽히지.

창덕궁은 조선 왕조의 정궁인 경복궁의 동쪽에 있다고 '동궐' 또는 '동관 대궐'이라고 불린단다. 경복궁 다음으로 큰 궁궐로, 1997년에 유네스코에서 '세계 문화유산'으로 선정되었지.

창덕궁이 창건된 것은 태종 5년(1405년) 10월 19일이었어. 그로부터 엿새 뒤인 10월 25일에는 '창덕궁'이라는 이름이 지어졌지. '창덕(昌德)'은 '덕을 빛낸다'는 뜻이란다.

조선 왕조를 세운 태조는 태조 3년(1394년)에 도읍지를 한양으로 옮기고 이듬해에 경복궁을 지었어. 하지만 태조 7년(1398년), 제1차

왕자의 난이 일어나 태조의 다섯째 아들 이방원이 배다른 두 동생 방석과 방번을 경복궁에서 죽이고 둘째 형인 방과(정종)를 임금 자리에 앉혔지.

정종은 곧이어 도읍지를 개경으로 옮겼는데, 그 뒤 정종에 이어 왕위에 오른 태종 이방원이 도읍지를 다시 한양으로 옮겼어. 이때 그는 두 동생을 죽인 경복궁으로 들어가고 싶지 않아 새 궁궐을 지었던 거야. 한양 도성에는 정궁인 경복궁이 있었기 때문에 창덕궁은 하나의 별궁으로 창건된 것이었지.

그러나 창덕궁은 제9대 성종 때부터 여러 임금이 머물렀기 때문에 정궁이나 다름없는 궁궐이 되었어.

유네스코 세계 문화유산으로 선정된 창덕궁 전경

특히 임진왜란 때 경복궁·창경궁·창덕궁이 모두 불타 버린 뒤 창덕궁이 광해군에 의해 가장 먼저 복구되었거든. 그 뒤부터 3백여 년간 창덕궁은 조선 왕조의 정궁 구실을 했지.

창덕궁은 오랜 세월 임금이 살았던 궁궐이었기에 큰 사건이 적지 않았고 화재가 계속 일어났어. 단종이 세조에 의해 창덕궁으로 쫓겨 왔으며, 연산군과 광해군이 반정으로 창덕궁에서 쫓겨났지. 또한 선조 25년(1592년) 임진왜란 때와 광해군 15년(1623년) 인조반정 때 불이 났는데 곧 다시 지었으며, 인조 2년(1624년) 이괄의 난을 비롯하여 순조 33년(1833년)과 1917년에 큰 불이 나기도 했지. 하지만 그때마다 궁을 신속하게 복구하여 여러 건물이 비교적 잘 보존되어 왔단다.

현재 창덕궁에는 정문인 돈화문(보물 제383호)을 비롯하여 인정문(보물 제813호)·인정전(국보 제225호)·선정전(보물 제814호)·대조전(보물 제816호)·선원전(보물 제817호) 등 41동의 건물이 남아 있어. 모두 문화재로 지정되어 있는 중요 건물들이지.

창덕궁 후원은 이름 그대로 창덕궁 뒤쪽에 자리 잡은 정원이야. 궁궐 북쪽에 있다고 '북원', 왕족 이외에 일반인의 접근이 금지되어 있어 '금원', 궁궐 안의 동산이라고 '궁원' 등으로 불리었어.

일제 강점기에는 창덕궁 후원을 관리하는 관청의 이름을 따서 '비원'이라고 했지.

창덕궁 후원이 조성되었던 것은 태종 6년(1406년)이야. 후원 동북쪽에 해온정을 짓고 정자 앞에 연못을 만들었어.

처음에는 임금이 산책할 목적으로 길을 내고 정자를 세웠지만 여러 왕을 거치며 후원이 점점 확대되었어. 수많은 정자와 연못, 울창한 숲이 어우러져 임금의 정원으로서 왕과 왕실의 휴식처로 이용되었단다.

창덕궁 후원에는 160여 종 29만 그루가 넘는 나무들이 있어.

이 아름다운 숲의 특징이라면 소나무 등의 침엽수가 많지 않고 떡갈나무·느티나무·단풍나무 등 활엽수가 많다는 점이야. 또한 나무에 가지치기(전지)를 하지 않고 자연의 모습 그대로 자라게 했지. 창덕궁 후원에는 3백 살이 넘는 나무들이 팔십여 그루 있어.

우리나라의 정원과 다른 나라의 정원은 어떻게 다른가요?

우리나라·중국·일본 등 동양 세 나라의 정원은 대자연의 공간을 건축물에 그대로 옮겨 놓았다는 점에서 공통점이 있어. 하지만 자연을 정원에 조성하는 방법은 각기 다르지.

중국의 정원은 산과 계곡, 폭포 등 자연을 모방하여 축소시켜 놓는 데 비해 일본의 정원은 자연을 변형시켜 인공미를 나타내지. 우리나라의 정원은 자연에 변형을 가하지 않고 자연의 모습을 있는 그대로 살리는 편이란다. 인공미를 최대한 줄이고 자연미를 나타내는 것이 우리나라의 정원이야.

자연미를 살린 우리나라 정원

03

"남산 위에 저 소나무", 백만 그루를 심어 가꾸다

　남산은 서울시 중구와 용산구에 걸쳐 있는 해발 265미터의 나지막한 산이야. 주변 경치가 아름다워 예로부터 서울 사람들에게 아낌없는 사랑을 받아 왔지.

　조선 시대에는 남산에 올라가 한양을 내려다보며 여덟 가지 경치가 볼 만하다고 하여 '남산팔영(南山八詠)'이라는 말이 생겼어. 즉, 북악산 자락의 대궐이 안개구름 속에 자리 잡고 있는 게 볼 만하다, 멀리 보이는 한강 물이 보기 좋다, 봄이 지나도록 피어 있는 바위 밑의 꽃, 그리고 산마루의 큰 소나무와 삼짇날에 파릇하게 난 풀을 밟으며 걷는 모습이 멋지다, 9월 9일 중양절 언덕 위에 올라가 술을 마시는 선비들의 모습과 4월 초파일 밤의 관등놀이 불빛, 그리고 계곡 물에 갓끈을 빨아 말리는 선비들이 보기 좋다 등등이야.

남산은 도읍지를 개성에서 한양(서울)으로 이끌어 온 산이라고 '인경산(引慶山:引京山)'이라고 불리었어. 또한 도성 남쪽에 있는 산이라고 해서 '남산'이라고 불리는가 하면, 남산을 멀리서 보면 말안장처럼 생겼다고 한자로 표기하여 '목멱산(木覓山)'이라고도 했지.

　조선 시대 초에 태조가 나라에서 제사를 지내는 목멱 신사, 즉 국사당을 이곳에 세웠기 때문에 조선 시대에는 남산이 주로 '목멱산'이라고 불리었단다.

목멱산이라고도 불린 남산

남산은 군사적으로도 중요한 곳이어서 조선 시대에는 산꼭대기에 봉수대가 세워졌어. 전국의 봉수망과 연결하여 나라에 위급한 일이 생기면 봉화를 올려 긴급 상황을 알렸지.

"남산 위에 저 소나무 철갑을 두른 듯"이라는 「애국가」의 한 구절처럼 남산은 소나무가 우거진 아름다운 숲이었어. 조선 왕조는 남산에 소나무를 심어 가꾸었지. 『조선왕조실록』에는 조선 왕조가 소나무를 어떻게 가꾸고 보호했는지 그 내용이 실려 있어.

「태종실록」에는 태종 11년(1411년), 남산과 태평로 북쪽 산지에 소나무 백만 그루를 심었다고 기록했어. 경기도에서 3천 명을 동원하여 20일간 나무를 심었다고 해.

「세조실록」에는 세조 14년(1468년), 도읍을 서울로 옮겨 70여 년간 잘 가꾼 남산 소나무를 함부로 베어 몇천 그루밖에 남지 않았다며, 세조가 소나무 보호에 힘쓰라는 명령을 내렸다고 기록되어 있어.

임진왜란 때 의주로 피난 갔다가 서울로 돌아온 선조는 불탄 궁궐 대신 임시 건물을 지었는데 그때 선조는 신하들에게 이런 명령을 내렸다고 해.

"누구라도 임시 건물을 지을 때는 남산 소나무를 베어다 쓰지 말고 남산 밖의 소나무를 베어다 쓰라. 남산에 있는 소나무를 잘 보호

해야 한다."

　남산 숲은 이처럼 조선 왕조가 정성을 들여 가꾸고 보호해 온 소나무 숲이었어. 그렇기에 소나무들은 철갑을 두른 듯 씩씩한 기상으로 남산에 자리 잡을 수 있었지.

　하지만 일제가 식민 지배의 손길을 뻗치며 남산 일대에 일본군 사령부, 통감부, 통감 관저, 헌병대 사령부 등을 세우고 신사를 조성하면서 남산 소나무들은 마구 베어졌어.

　1925년, 일제는 남산 중턱을 깎아 내 12만 평에 이르는, 메이지 일왕과 일본 건국 신인 아마테라스 오미카미를 모신 조선 신궁을 세웠어. 그때 남산 소나무들이 수난을 당했지. 일제가 민족정신을 없애려고 소나무들을 베고 그 자리에 아카시아 같은 잡목들을 심었던 거야.

　해방 후 6·25 전쟁을 거치면서 남산 소나무들은 거의 사라졌어. 남아 있던 소나무들도 1970년대 말에 유행한 솔잎 흑파리의 피해를 입어 죽어 갔지. 1986년 조사 결과에 의하면, 남산 소나무들 가운데 70년 이상 된 소나무는 십여 그루밖에 남지 않았다고 해.

　이에 서울시에서는 남산의 옛 모습 복원 사업을 시작했어. 그리하여 남산에는 소나무 1만 8천 3백여 그루를 심었지. 그런 노력이 결실을 맺어 지금은 남산 숲에서 소나무가 19퍼센트 이상을 차지한다는구나.

조선 시대에 남산에 사는 사람들은 왜 남산골 샌님, 남산골 딸깍발이라고 불리었나요?

조선 시대에는 청계천을 경계로 하여 그 남쪽은 남촌, 북쪽은 북촌이라고 불렀어. 북촌은 가회동, 계동 일대를 말하는데 권세를 부리는 양반들이 많이 사는 동네였단다. 이곳은 경복궁과 창덕궁 사이에 있기 때문에, 자연스럽게 높은 벼슬아치들이 모여 살아 마을을 이루게 된 거야.

그에 비해 남촌은 아직 과거에 급제하지 못해 벼슬길에 오르지 못한 가난한 선비들이 모여 사는 동네로 알려졌어.

남촌에서도 남산 계곡에 사는 사람들은 흔히 '남산골 샌님', 혹은 '남산골 딸깍발이'로 불리었어.

'샌님'이란 '생원님'의 준말이야. 생원은 1차 시험에 합격하고 본시험에 떨어진 사람들로, 남산골에 그런 사람들이 워낙 많이 살아서 '남산골 샌님'이라는 말이 생겨난 거야. 이 말은 가난하면서도 오기만 남아 있는 선비를 농담조로 이르는 말이 되었지.

'남산골 딸깍발이'는 남산골에 사는 선비들이 가난하여 갠 날이나 겨울에도 딸깍딸깍 나막신을 신고 다녔다는 데서 비롯된 말이야.

가난한 남촌과 잘사는 북촌을 비유한 속담에 '남주북병(南酒北餅)'이라는 말이 있어. 남촌은 술을 빚어 팔며 시장기를 달래지만 곡식이 풍부한 북촌은 떡을 빚어 잔치를 하며 지낸다는 거야.

04
콩을 갈아 만든 조선 두부, 명나라 황제의 입맛을 사로잡다

 세종 16년(1434년) 12월 24일의 일이야. 명나라 황태자의 생일을 축하하러 중국에 갔던 천추사 박신생이 조선으로 돌아왔어.
 박신생은 명나라 황제 선덕제의 편지를 가져왔지. 세종은 절차에 따라 신하들을 데리고 태평관으로 가서 황제의 편지를 공손히 받았단다.
 세종은 말없이 편지를 읽었어. 무슨 내용이 적혔는지 흡족한 듯 웃음을 짓기도 했지. 잠시 뒤 세종이 편지를 접으며 명을 내렸어.
 "오늘은 저녁때 잔치를 벌여야겠소. 잔칫상을 차릴 때 반드시 두부 요리를 올리라 이르시오."
 신하들은 어리둥절한 표정을 지었어. 사신이 임무를 잘 마치고 돌아와 잔치를 베푸는 것은 이해할 수 있었어. 그런데 난데없이 두부 요리를 꼭 상에 올려야 한다고 명하니 그 까닭을 알 수 없었어.

저녁이 되었어. 세종은 신하들과 잔칫상 앞에 앉았어. 잔칫상에는 갖가지 두부 요리가 잔뜩 차려져 있었지.

세종은 만족스러운 듯 상을 내려다보더니 천천히 입을 열었어.

"내가 오늘 잔칫상에 두부를 올리라 한 것은, 사신을 통해 명나라 황제로부터 이런 내용의 편지를 받았기 때문이오. 명나라 황제는 우리 사신과 함께 간 찬모들이 만든 갖가지 음식을 맛보았다 하오. 그런데 그 음식이 모두 훌륭했지만, 두부 요리만큼은 단연 뛰어나다

는 거요. 두부가 중국에서 처음 만들어져 그 기술이 이곳으로 전해졌는데 자신은 조선 두부 맛에 홀딱 반했다고 했소. 그래서 이번 기회에 조선의 두부 만드는 법을 꼭 배우겠다고 편지를 받는 대로 두부 요리를 잘하는 찬모 열 명을 명나라로 보내 달라는 거요. 이렇게 우리 두부가 중국으로 가서 조선을 빛냈으니, 우리도 이를 축하하며 함께 두부 맛을 봐야 하지 않겠소?"

세종의 말이 끝나자 신하들은 모두 기쁜 얼굴로 두부 요리를 먹었어. 평소에도 맛이 좋지만 그날따라 두부 맛은 최고였지.

두부는 콩을 갈아서 만든 음식이야. 맛이 좋고 향기가 있으며, 광택이 나고 모양이 반듯해 먹기에 편해서, 음식의 '5미'를 갖춘 식품이라 일컬어지고 있어. '밭에서 나는 쇠고기'인 콩으로 만들어 단백질도 풍부해서 우리나라 사람이라면 누구나 즐겨 먹는 음식이지.

두부는 기원전 2세기쯤 한나라 무제 때 처음 만들어졌어.

한나라를 세운 유방의 손자인 유안은 회남왕이 되었을 때, 3천여 명의 학자들에게 과학을 연구하도록 명했어. 그래서 발명된 것 가운데 하나가 두부야.

유안의 무덤은 중국 안휘성 회남시에 있는데, 그 무덤 근처에 '두부의 발상지'라고 쓰인 비석이 세워져 있어. 유안의 생일인 9월 말에는 해마다 그곳에서 '두부제'가 열리고 있단다.

중국을 통해 우리나라에 두부가 전래된 것은 고려 말기로 추정하고 있어. 고려 말기의 학자인 목은 이색은 『목은집』에 이렇게 적어 놓았단다.

> 나물죽도 오래도록 먹으니 맛이 없네.
> 두부가 새로운 맛을 돋우어 주네.
> 이 없는 사람 먹기 편하고
> 늙은 몸이 건강을 유지하는 데 좋네.

이것이 우리나라 두부에 관한 최초의 기록으로, 이때 이미 두부가 많은 사람들에게 사랑받기 시작했음을 알 수 있지.

그 뒤 두부는 조선 시대로 넘어와 갖가지 가공법이 개발되었어. 보통 두부, 순두부, 튀김두부, 얼린 두부, 자루두부 등 수십 가지 두부가 나왔지.

명가의 규수라면 '33가지 장 담그기, 33가지 김치 담그기'에다 '33가지 두부 만들기'까지 99가지 솜씨를 가져야 한다고 했단다. 조선 시대에는 이처럼 두부 만드는 기술이 뛰어나 중국과 일본에까지 그 기술을 전해 주기도 했어.

앞서 밝혔듯이 조선 두부는 명나라 황제의 입맛을 사로잡았으며, 일본에는 임진왜란 때 끌려간 조선인 포로를 통해 두부 만드는 기술이 전해져 일본 명물 두부인 '고치시 당인 두부'가 탄생했지.

두부를 만들려면 콩을 잘 씻어 물에 담가 불린 뒤, 맷돌로 곱게 갈아 그것을 가마솥에 넣고 끓여. 그다음엔 그것을 자루에 담아 꼭 꼭 눌러 짜낸 뒤, 70~80도의 온도를 유지하면서 소금에서 생긴 간수를 넣고 굳히는데 이것을 순두부라고 해.

틀이나 채반에 삼베를 깔고 순두부를 담아, 도마나 목판으로 눌러 굳히면 두부가 완성되지. 두부는 날것으로 먹기도 하고, 튀기기·볶기·끓이기·찌기 등 다양하게 요리해 먹을 수 있단다.

허균의 아버지가
맛 좋은 초당 두부를 만들었다고요?

옛날에 우리나라에서는 두부를 '포(泡)'라고 불렀어. 정약용이 쓴 『아언각비』에는 "두부의 원래 이름이 '백아순(白雅馴)'인데, 우리나라 사람들이 방언으로 여겨 따로 '포'라고 불렀다."는 대목이 나오지.

조선 시대에는 왕과 왕비의 무덤인 능이나 왕세자 등의 무덤인 원을 조성하면 반드시 그 근처에 두부를 만들어 바치는 절인 '조포사(造泡寺)'를 두었어. 이 조포사에서 두부 등의 제사 음식을 준비하게 한 거야.

두부를 잘 만들기로 소문난 조포사는 세조의 능인 광릉의 봉선사와 태조의 정비 한씨의 능인 개성 제릉의 연경사가 꼽혔어. 그리하여 이름난 두부는 절 이름을 붙여 '봉선사 두부', '연경사 두부' 하는 식으로 전해 내려오게 되었지.

관동팔경으로 유명한 강릉에서는 '초당 두부'가 전국적으로 알려져 있어. 초당 두부는 『홍길동전』을 쓴 허균의 아버지인 초당 허엽이 만든 두부야. 허엽은 강릉 부사로 부임했을 때 관사 앞의 샘물 맛이 좋아 이 물로 두부를 만들었어. 그런데 특이한 점은 두부를 안칠 때 바닷물을 간수로 쓴다는 거야. 이렇게 만든 두부가 얼마나 맛이 있던지 입소문이 나서 허엽의 호를 붙인 '초당 두부'가 세상에 널리 알려지게 되었지.

05

이율곡은 화석정 정자를 지을 때 왜 송진이 많은 소나무를 썼을까?

율곡 이이의 고향은 경기도 파주시 파평면 율곡리야. 그는 어머니 신사임당의 고향인 강릉에서 태어났지만, 여섯 살 때 율곡리로 와서 살았어. 이이의 호인 율곡은 고향 이름을 따서 붙인 거야. 율곡리는 조상 대대로 살아오던 고향 마을이란다.

율곡리 임진강가 벼랑 위에는 '화석정'이란 정자가 서 있어. 이 정자는 원래 세종 25년(1443년)에 이율곡의 5대조 할아버지 이명신이 처음 세웠다고 해.

그 뒤 성종 9년(1478년)에 이명신의 손자이자 이율곡의 증조할아버지인 이의석이 다시 세우고, 이의석의 스승인 이숙함이 '화석정'이란 이름을 붙였지.

'화석(花石)'은 '돌 위에 꽃비가 내린다.'는 뜻으로, 당나라 때 재상

이덕유의 별장 평천장의 기문(記文-나무판에 새겨진 글귀)에서 따와 정자 이름으로 삼았다고 해.

이율곡은 여덟 살 때 이 정자에 올라 「화석정」이라는 제목의 시를 지었어.

숲속 정자에 가을이 깊어 가니
시인의 생각 끝이 없구나.
멀리 흐르는 물은 하늘에 닿아 푸르고
서리 맞은 단풍은 햇별 받아 붉네.
산은 외로운 달 둥글게 토해 놓고
강은 만 리의 바람을 머금도다.
변방의 기러기 어디로 날아가는가.
울음소리는 저녁 구름 속으로 멀어지네.

전설에 따르면 이율곡은 화석정을 다시 지었는데, 불이 잘 붙으라고 송진이 많은 소나무를 쓰고 지붕에 흙을 많이 쓰지 말라고 했으며 활활 타오르라고 정자에 기름을 바르게 했어.

그는 전쟁이 일어나면 임금이 임진강을 건널 때 화석정에 불을 지르라고 집안 식구들과 하인들에게 당부했지.

몇 년 뒤 이율곡이 예언한 대로 임진왜란이 일어났고 하인들이

화석정에 불을 질러서 피난 떠나는 선조 일행이 무사히 임진강을 건널 수 있었다고 해.

그 뒤 화석정은 다시 지어졌지만 6·25 전쟁 때 또 불타고 말았어. 1966년에 파주의 유림들이 정자를 다시 지어 오늘날처럼 복원했지. 화석정의 현판 글씨는 박정희 대통령이 쓴 것이야. 화석정은 1974년에 경기도 무형 문화재 제61호로 지정되었어.

화석정은 정면 세 칸, 측면 두 칸의 팔작지붕 건물이야. 정자에 오르면 유유히 흐르는 임진강이 한눈에 들어오고, 난간에 기대어 바라보면 멀리 서울의 삼각산과 개성의 오관산이 아득하게 보인단다.

한편 『이향견문록』에는 임진왜란 때 선조 일행이 임진강을 건넌 일에 대해 다른 이야기가 실려 있어.

임진왜란 때 서울을 떠난 선조 일행 중에 사서 벼슬인 이광정이란 신하가 있었어. 이광정은 선조를 모시고 갔는데, 그에게는 '애남'이라는 종이 있어 이광정의 말고삐를 잡고 따라갔지.

선조 일행이 임진 나루터에 닿았을 때는 캄캄한 밤이었어. 주위가 칠흑같이 어두워 배를 찾을 수가 없었지. 그때 애남이 갑자기 말고삐를 놓고 어디론가 사라졌어. 이광정은 자신의 종이 자기를 배반하고 달아난 줄 알았지.

그런데 얼마 뒤 갈대밭에서 불이 솟더니 주위가 대낮처럼 환해졌어. 애남이 부싯돌로 불을 켜서 갈대밭에 불을 지른 거야. 그 덕분에 언덕 한쪽에 놓인 나룻배를 발견하여 선조 일행이 무사히 임진강을 건널 수 있었단다.

이 사실을 이광정을 비롯한 신하들에게 전해 들은 선조는 애남을 불러 칭찬했어.

"기특하다, 애남아. 네가 나를 살렸구나."

전쟁이 끝나 서울로 돌아온 뒤에도 선조는 애남의 공을 잊지 않았어. 이광정을 볼 때마다 "애남은 잘 있는가?" 하고 안부를 묻는가 하면, 이따금 애남을 불러 은으로 된 큰 잔으로 술을 내렸다고 해.

옛날에는 관솔로
불을 밝혔다면서요?

관솔은 송진이 많이 엉긴 소나무 가지야. 주로 옹이에 많이 엉기지. 관솔에 불을 붙인 것이 관솔불이야. 옛날에는 송진이 많은 관솔에 불을 붙였어. 관솔불을 '송명(松明)'이라고 하여 기름이 귀했던 옛날에 등불 대신 사용했어. 한번 불을 붙이면 쉽게 꺼지지 않아 한밤중에 밖에서 일할 때 쓰였지.

특히 군대에서 야간 행군을 하거나 야영을 할 때 관솔불은 필수품이었어. 이성계 군대가 위화도 회군을 할 때 관솔불은 폭우 속에서도 꺼지지 않아 요긴하게 쓰였다는구나.

강원도 삼척 산간 지역에서는 굴피집이나 너와집에서 부엌과 안마루 사이 벽에 구멍을 내어 이곳에 관솔불을 밝혔어. 어두운 저녁 시간에 밥을 짓거나 반찬을 만들 때 쓰였던 이 관솔불을 '두등불'이라 했지.

옛날에 관솔불은 공부하는 사람들에게도 요긴하게 사용되었단다. 등불을 켤 돈이 없어 관솔불을 밝혀 글을 읽었거든.

06

'소나무를 함부로 베지 마라!', 조선 왕조의 소나무 보호 정책

소나무는 오랜 옛날부터 다른 나무들과 달리 귀한 대접을 받았어. 좋은 나무라고 '상목'이라 불렀으며 다른 나무들은 모두 '잡목'으로 여겼지. 그도 그럴 것이, 소나무는 아주 쓸모가 많았거든. 집을 짓는 건축재뿐만 아니라 배를 만드는 선재, 관을 짜는 관재, 흉년을 넘기는 구황 식물 등 다양하게 쓰였어.

고려 시대에는 일본 정벌을 계획한 원나라의 요구로 전선(전투에 사용하는 배)을 만들어야 했기에 소나무가 마구 베어졌어. 변산반도, 장흥의 천관산, 제주 등의 울창한 소나무 숲이 사라졌지.

조선 왕조는 한반도의 산야를 벌거숭이로 만든 고려 왕조를 거울삼아 소나무 보호에 발 벗고 나섰어. 세종 6년(1424년), '송목 양성 병선 수호 조건'이라 하여 배를 만드는 데 필요한 소나무를 보호하고 육성하기 위한 법령을 발표했어. 그에 따르면, 소나무를 지키기 위해 산에 불 놓는 것을 금하고, 바닷가 각 고을에서 소나무를 얼마나 심고 가꾸는지 수령들이 해마다 보고하게 했단다.

세종 23년(1441년)에는 '송목금벌지법'을 만들어 소나무를 함부로 베지 못하게 했어. 그리고 세종 30년(1448년)에는 소나무가 잘 자라는 바닷가 고을 3백여 곳을 '의송지'로 정하여 수령들에게 소나무 관리를 맡겼지. 바닷가 고을을 의송지로 정한 것은 궁궐·배 등을 만드는 데 필요한 소나무를 배로 간편하게 옮길 수 있었기 때문이야.

조선 초기의 소나무 보호 정책을 '송금 정책'이라고 해. 나라에서

는 소나무를 철저히 보호·관리하기 위해 처벌 조항을 만들었어. 소나무 한두 그루를 벤 사람은 곤장 100대, 산지기는 곤장 80대, 관리는 곤장 40대를 때렸어. 그리고 소나무 서너 그루를 벤 사람은 곤장 100대를 때려 군대에 보내고, 산지기는 곤장 100대, 관리는 곤장 80대를 때렸어. 또한 소나무 열 그루 이상을 벤 사람은 곤장 100대에 온 가족을 변방으로 옮기고, 산지기는 곤장 100대를 때려 군대에 보내며, 관리는 곤장 100대를 때려 관직에서 쫓아냈단다. 하지만 10년 동안 한 그루도 벤 것이 없으면 산지기에게 '산관'이란 벼슬을 내렸지.

조선은 숙종 대에 이르러 송금 정책을 봉산 제도로 바꾸었어. 봉산 제도는 나라에서 필요한 목재를 얻고자 산림을 기능에 따라 나누는 거야. 선재봉산·진목봉산은 전선과 조운선을 만드는 데 쓸 소나무·참나무, 황장봉산은 관재나 궁궐 건축재 소나무, 율목봉산은 신주용 위패 제작에 필요한 밤나무를 키우도록 했지.

나라에서는 봉산 제도를 시행하면서 형벌을 더 무겁게 했어. 선재봉산에 불을 지르거나 황장봉산에서 소나무를 베면 사형에 처했단다.

조선 왕조는
왜 황장목을 얻으려고 애를 썼나요?

나무의 심에 가까운 부분을 '황장'이라고 해. 빛깔이 누렇고 재질이 단단하지. 황장목은 황장 부분이 많아 몸통 속이 누런 질 좋은 소나무야. 소나무 품종으로는 금강 소나무, 강송, 춘양목 등으로 불리는데 높이 30미터 정도로 곧게 자라지. 나뭇결이 곱고 부드러우며 목재로 켠 뒤에도 굽거나 트지 않아. 다듬고 나면 윤기가 흐르며, 목질이 양호하여 궁궐을 짓거나 왕실의 관을 짜는 목재로 사용되었어.

조선 왕조는 황장목을 원활하게 공급하려고 전라도·경상도·강원도에 282개의 황장봉산을 지정했지.

황장봉산에는 황장봉산임을 나타내는 표석을 세워 소나무를 함부로 베지 못하도록 했어. 이 표석은 높이 95센티미터, 기단의 폭 53센티미터 크기로, 궁중에서 쓰려고 나라에서 관리하는 황장목 보호 구역임을 알렸어. 조선 왕조는 황장봉산을 관리하려고 감독관을 보냈지.

07

안평 대군, 복숭아꽃 가득 핀 무릉도원을 안견에게 그리게 하다

세종 29년(1447년) 4월 20일 밤이었어. 세종의 셋째 아들인 안평 대군은 잠자리에 들었다가 이상한 꿈을 꾸었어.

그는 꿈속에서 말을 타고 집현전 학사인 박팽년과 함께 봉우리가 우뚝한 어느 산 아래에 이르렀지. 그곳에는 복숭아나

무 수십 그루가 있는데 꽃이 가득 피어 있었어.

안평 대군은 숲으로 난 오솔길을 따라 걷다가 갈림길에 다다랐어. 두 사람이 어느 길로 갈까 머뭇거리고 있을 때 한 사람이 나타나서 말했어.

"이 길을 따라 북쪽 골짜기로 들어가면 도원(桃園)입니다."

안평 대군과 박팽년은 말을 달려 북쪽 골짜기로 들어섰어. 그러자 깎아지른 벼랑에 나무가 우거진 숲이 나왔지.

조금 더 나아가니 탁 트인 넓은 마을이 나타났어. 그곳은 복숭아꽃이 흐드러지게 피어 있었지.

"이곳이 바로 무릉도원이로구나!"

안평 대군은 아름다운 풍경을 홀린 듯이 바라보았단다. 그때 마침 최항과 신숙주도 뒤따라와 함께 시를 지으면서 도원을 실컷 구경했지.

꿈에서 깬 안평 대군은 꿈속에서 본 장면이 생생하게 떠올랐어.

'내가 꿈속에서 찾아간 곳이 도연명이 「도화원기」에서 말한 무릉도원이구나.'

안평 대군은 자신이 꿈에 본 무릉도원을 그림으로 남겨 두고 싶었어. 그래서 그는 도화서 서원인 안견을 불렀지. 안견은 신라의 솔거, 고려의 이녕과 더불어 우리나라 3대 화가로 꼽히는 조선 최고의 화가였어.

안평 대군은 안견에게 자신의 꿈 이야기를 들려주고는 꿈에서 본 무릉도원을 그리게 했지.

그리하여 안견이 3일 만에 완성하여 바친 그림이 바로 「몽유도원도」야. 가로 106.5센티미터, 세로 38.7센티미터로 비단에 그려진 두루마리 그림이지.

두루마리 그림은 보통 오른쪽에서 왼쪽으로 전개되는데, 이 그림은 왼쪽에서 시작하여 오른쪽으로 내용이 전개되었어.

왼쪽에는 야트막한 야산과 물로 현실 세계를 보여 주고, 오른쪽에는 험준한 바위산과 복숭아꽃 가득 핀 풍경으로 무릉도원의 세계를 펼쳐 보였지.

이 작품은 정교한 세부 묘사와 영롱한 채색으로 이상향을 그린 우리나라 최고의 산수화로 손꼽히는 그림이야.

안평 대군은 안견이 이 그림을 완성하자 당대 문인들에게 그림을 보여 주고는 그 감상문인 '찬문'을 받았단다. 신숙주·이개·하연·송처관·김담·고득종·강석덕·정인지·박연·김종서·이적·최항·박팽년·윤자운·이예·이현로·서거정·성삼문·김수온·만우·최수 등 스물한 명이었어.

안평 대군의 꿈 이야기는 중국의 시인 도연명이 지은 「도화원기」와 그 내용이 비슷하단다.

「도화원기」는 진나라 때 무릉 도원현에 살던 한 어부가 복숭아나무 숲에서 길을 잃고 헤매다가 동굴을 발견하고, 그 속에 들어가 보니 별천지가 펼쳐졌다는 이야기야. 안평 대군이 「도화원기」를 평소에 많이 읽어 그와 비슷한 꿈을 꾸었다고 보는 견해도 있어.

무릉(武陵)의 복숭아밭을 뜻하는 무릉도원은 이상향·별천지를 의미해. 조선 시대 사람들은 무릉도원 같은 이상향을 꿈꾸었단다.

안평 대군의 꿈을 안견이 그린 「몽유도원도」

그래서 그런 이상향을 찾아 헤맨 사람들의 이야기가 전해지고 있는 것이지.

신라 말에 최치원은 청학동을 찾아 지리산을 돌아다녔고, 고려의 문인 이인로도 지리산으로 청학동을 찾아 나섰지만 끝내 찾지 못했다지.

> ## 「몽유도원도」는 현재 일본의 덴리 대학에서 소장하고 있다면서요?

「몽유도원도」는 안평 대군이 계유정난 때 목숨을 잃으면서 감쪽같이 사라졌어. 그런데 그로부터 4백 년이 지난 1893년에 이 그림이 모습을 드러냈지. 「몽유도원도」를 소장한 사람은 가고시마에 사는 시마즈 히사시루시였어. 그는 임진왜란 때 출병한 가고시마 영주 출신 왜장의 후손이었지. 그래서 이 작품이 임진왜란 때 강탈되었다고 추정할 수 있어.

그 뒤 「몽유도원도」는 여러 사람의 손을 거쳐 1953년 덴리 대학에 넘겨졌어. 이 그림은 1933년에 일본 중요 미술품으로 지정되었고 1939년에는 일본 국보로 선정되었단다.

일본 덴리 대학교

08

귤이 나왔다고
과거를 보다

　세종 때 일이야. 어느 날 밤 세종이 한강 변에 있는 정자인 희우정에서 신하들과 연회를 베풀고 있었어. 세자(뒤에 문종)도 참석했지. 잔치가 한창 무르익었을 때 세자가 신하들에게 귤을 하나씩 나누어 주었어. 세자는 귤을 쟁반에 담아 왔는데, 귤을 모두 나누어 주자 쟁반 바닥이 드러났지. 쟁반 바닥에는 세자가 지은 다음과 같은 시가 쓰여 있었어.

향나무의 향기는 코에만 향긋하고
기름진 고기는 입에만 맛있다네.
동정귤이 가장 사랑스럽나니
코에도 향긋하고 입에도 달기 때문이네.

귤을 하사받은 신하들은 시를 읽고 감격했어. 그들은 그날 밤의 일을 잊을 수가 없어 시 한 편씩을 남겼다고 해.

조선 시대에 귤은 귀한 과일이었어. 제주도에서만 재배되는 귤은 해마다 겨울에 임금에게만 진상되었어.

귤이 한양에 도착하면 도성은 거의 축제 분위기였어. 임금은 귤을 종묘에 바쳐 제사를 올린 뒤 신하들에게 나누어 주었지. 그리고 귤이 나온 것을 축하하기 위해 성균관과 사학의 유생들을 대상으로 과거 시험을 보았어. 이것이 '감제' 또는 '황감제'야.

이 시험에서 장원 급제를 하면 '직부전시'라고 하여 초시·복시를 건너뛰어 임금의 입회하에 치르는 마지막 시험인 전시에 곧바로 응시할 수 있는 특혜가 주어졌단다. 전시는 응시자의 석차만을 정하기에 과거 시험에 최종 합격한 셈이었어.

황감제에 참여하는 유생들은 흥분을 감추지 못했어. 평생 맛보기 힘든 귀한 과일 맛을 볼 수 있었기 때문이야. 성균관에서는 과거에 참석한 유생들에게 귤을 나누어 주었거든. 쟁반에 담아 온 귤은 곧 바닥이 드러났지.

그런데 그 자리는 유생들이 귤을 하나라도 더 받으려고 서로 다투어 난장판이 되기 일쑤였어. 어찌나 아귀다툼을 벌이는지 정조는 귤을 나눠 줄 때 소란을 피운 유생을 일정 기간 동안 과거를 치르지 못하게 하겠다는 명을 내린 적이 있었단다.

귤이 나온 것을 축하하기 위해 열리는 과거 시험은 중종 때 처음 시행되었어. 그 뒤로 계속해서 열려 조선 말기인 고종 때까지 수백 년 동안 이어졌지. 정조 9년(1785년) 11월 3일에 치러진 황감제에서는 다산 정약용이 장원 급제를 했단다.

　임금에게 진상되는 귤은 9월부터 이듬해 2월까지 익는 시기에 따라 품종별로 수확하여 서울로 보냈어. 늦가을인 9월에 먼저 유자를 보내고 10월에는 금귤과 감자, 그리고 유감·동정귤·당유자·대귤·소귤 등을 이어서 보냈어. 이듬해 2월에는 마지막으로 맛이 시어서 달지 않다는 청귤을 보냈지. 이렇게 이십여 차례에 걸쳐 8만여

개의 귤을 조운선에 실어 보냈다는구나.

이 많은 귤을 공물로 진상하려면 죽어나는 것은 제주도 농민들이었어. 귤 수확량이 적으면 제주 목사에게 책임을 물었지. 관청에서는 관영 과원만으로 진상 수량을 맞추기 힘들어 민가에서 수확한 귤을 빼앗아 갔어.

김상헌의 『남사록』에 따르면, "관리들은 해마다 7~8월에 집집마다 돌아다니며 귤나무에서 귤의 개수를 세어 장부에 적고, 귤을 거두어들일 때 개수를 확인하여 모자라면 물어내게 했다."는구나. 새들이 쪼아 먹거나 태풍의 피해를 입어도, 그 수를 채우지 못했다고 주인을 벌주었다니 농민들만 죽을 맛이었지.

농민들은 귤나무 심기를 좋아하지 않았어. 관리들에게 시달리기 싫어 귤나무를 뽑아 버리거나 뜨거운 물을 부어 죽였어. 심지어 귤나무에 구멍을 뚫고 후춧가루를 넣어 말려 죽이거나 나무 그릇에 상어 뼈를 박아 놓기도 했단다.

귤은 우리나라에서
어떻게 재배되었나요?

귤은 감귤나무의 열매야. 빛깔은 주황 또는 붉은색이고, 모양은 둥글납작하지. 수분이 많고 맛이 시큼달콤해 오랜 옛날부터 인류에게 많은 사랑을 받아 온 과일이란다.

귤의 원산지는 인도의 아삼 지방과 중국 양쯔강 유역이야. 귤이 언제 제주도로 전해져 재배되기 시작했는지는 확실한 기록이 없어. 다만 일본 야사인 『히고국사』에 삼한에서 귤을 가져왔다는 기록이 나오고, 『일본서기』에 상세국(제주도) 사람 다치마모리가 730년쯤 상세국에 가서 귤을 들여왔다는 이야기가 실려 있어.

『탐라지』에는 백제 문주왕 2년(476년), 탐라국(제주도)에서 백제에 귤을 공물로 바쳤다는 기록이 있어.

『고려사』에는 "문종 6년(1052년), 탐라국에서 매년 진상하는 귤의 양을 백 포로 정했다."는 내용이 나오지.

조선 시대에는 귤이 제주도의 특산물로서 해마다 임금에게 진상되었어. 관청에서 귤나무를 재배하여 해마다 수만 개의 귤을 진상하기 위해 관영 과원 수를 점차 늘렸는데, 19세기 중반에는 54개에 이르렀지.

『세조실록』에는 "감귤은 종묘에 제사지내고 빈객을 접대함으로써 그 쓰임이 매우 중요하다."는 기록이 있어. 그만큼 귤이 귀하게 쓰였음을 알 수 있지.

우리나라에서 재배하는 귤은 온주밀감이야. 온주밀감은 1911년 프랑스 신부 타

케가 일본에서 온주밀감 열다섯 그루를 들여와 제주도 서귀포에 심으면서 재배가 시작되었어.

일제 강점기에 대규모 농장이 세워졌으며, 1970년대까지 감귤나무를 '대학나무'라 불렀다고 해. 감귤나무 두 그루를 심으면 대학생 자녀 한 명의 학비를 댈 수 있다고 말이야. 하지만 그 뒤로 과잉 생산과 외국산 감귤의 대량 수입으로 감귤 가격은 폭락하고 말았단다.

09

정이품 벼슬을 받은 소나무

　　세조 10년(1464년) 어느 날, 세조는 신하들을 거느리고 궁궐을 나섰어. 임금의 전용 가마인 '연'을 타고 가는 곳은 속리산 법주사였어. 세조는 오랫동안 피부병을 앓았지. 피부병은 쉽게 낫지 않는 병이기 때문에 고생이 이만저만이 아니었어. 피부병에 좋다고 하여 온양 온천을 찾아가는가 하면, 빨리 낫게 해 달라고 절에 가서 부처님께 빌기도 했어. 이번에 법주사로 행차하는 것은 불공을 드리면 피부병을 고칠 수 있다고 해서였지.

　　임금의 가마 행차가 속리산 입구에 다다랐을 때였어. 길가에 키 큰 소나무 한 그루가 서 있었는데 그 소나무는 가지가 아래로 늘어져 있었지. 임금의 가마인 연이 그 밑을 지나가야 하는데 연의 윗부분이 가지에 걸릴 것만 같았어. 그래서 연을 따르던 신하들이 안타

깜게 소리쳤단다.

"조심해라! 연이 가지에 걸린다!"

그 순간, 신기한 일이 벌어졌어. 그 말을 알아듣기나 한 듯, 소나무가 스스로 가지를 번쩍 들어 올렸어. 연은 무사히 소나무 밑을 지나갈 수 있었지.

그뿐만이 아니었어. 며칠 뒤 세조가 법주사에서 불공을 마치고 돌아오는 길에는 이런 일이 있었어.

법주사를 출발할 때는 화창하던 날씨가 소나무 있는 곳에 이르자 별안간 소나기가 내렸어. 신하들은 당황하여 어쩔 줄을 몰랐어. 할 수 없이 그들은 임금을 태운 연과 함께 소나무 밑으로 들어가 비를 피했지. 소나무는 가지를 사방으로 드리우고 있었어. 그 밑에 있으니 우산을 쓴 듯 비 한 방울 맞지 않았단다.

잠시 뒤 비가 그치자 세조는 연에서 나와 소나무 앞에 섰어.

신하들은 세조에게 머리를 조아리며 아뢰었지.

"전하, 이 소나무는 참으로 충성스러운 나무입니다. 이곳에 올 때는 전하의 연이 가지에 걸리자, 소나무 스스로 가지를 위로 올려 무사히 지나가게 했습니다. 지금은 갑작스레 쏟아진 비를 피하게 해 주었고요."

"오, 그래? 기특하고 고마운 소나무로구나. 이 충성스러운 소나무에게 정이품 벼슬을 내리도록 하라."

세조의 명으로 속리산 입구의 소나무는 정이품 벼슬을 얻었어. 정이품이라면 오늘날의 장관과 같은 높은 벼슬이었어. 이 소나무는 이때부터 '정이품송'이라고 불리게 되었단다.

　속리의 정이품송은 충청북도 보은군 내속리면 상판리에 있는 소나무야. 천연기념물 제103호로 지정하여 보호하고 있지. 이 나무는 속리산 법주사에서 3킬로미터쯤 떨어진 길 한가운데 서 있어. 나이는 약 6백 살쯤 되고 높이가 14.5미터, 가슴 높이 둘레가 4.77미터에 이르고 있어.

　이 나무가 유명해진 것은, 앞에서 소개한 대로 세조가 피부병을 치료하기 위해 법주사로 행차할 때 타고 있던 연이 가지에 걸리자 소나무 스스로 가지를 들어 올려 연이 지나가도록 해 주었기 때문이야. 그리고 법주사에서 불공을 마치고 돌아가던 세조 일행이 갑자기 소나기를 만나자 소나무 밑에서 비를 피할 수 있게 해 주었지. 세조는 이를 기특하게 여겨 소나무에게 벼슬을 내렸으며, 그때부터 '정이

품송'이라 불리게 된 것이지.

 정이품송 앞에 있는 마을의 이름이 '진허(陣墟)'인데, 세조를 호위하던 병사들이 진을 치고 머물렀다고 해서 그 이름이 붙었다고 해. 그 뒤 정이품송은 마을에서 신령한 나무로 모셔졌어. 아들을 못 낳는 부인이 이 나무 아래에서 간절히 기도하면 아들을 낳을 수 있

고, 노인이 나무 주위를 돌면 편안히 죽을 수 있었다나.

정이품송은 우리나라에서 가장 유명한 소나무야. 그래서 오랫동안 보호를 받아 왔지. 1982년에는 솔잎혹파리의 피해를 막으려고 소나무 주위에 철책을 세우고 그 위에 방충망을 씌우기도 했어. 벼락에 대비하려고 나무 위에 피뢰침을 달았지. 1993년에는 강풍으로 중간 부분의 가지 하나가 부러지고, 2004년 3월에는 폭설로 북쪽 가지 세 개가 부러졌어. 그래서 요즘은 더 이상의 피해를 입지 않도록 가지에 쇠말뚝을 받쳐 놓았단다.

보은 속리 정이품송

정이품송의
부인 나무가 있다면서요?

충청북도 보은군 외속리면 서원리에 있는 소나무는 천연기념물 제352호로 지정하여 보호하고 있으며, 천연기념물 제103호인 속리 정이품송의 부인 나무로 널리 알려져 있어.

이 소나무는 서원 계곡 입구 길가의 밭 한가운데 서 있는데 높이가 15.2미터, 뿌리 근처의 둘레가 5미터, 줄기는 84센티미터 높이에서 두 개로 갈라졌으며, 전체적으로 우산 모양을 하고 있지. 하지만 2004년 겨울에 폭설로 북쪽 굵은 가지가 부러지고 말았단다.

나이는 6백여 살쯤 되고, 마을에서는 이 나무를 서낭나무로 모셔 해마다 음력 정월 초이튿날에 정성스레 제사를 올리고 있어.

이 소나무는 정이품송으로부터 7킬로미터쯤 떨어진 곳에 있어. 그런데 이 소나무를 정이품송의 부인 나무라 부르는 것은 2001년 혼례를 올렸기 때문이야. 산림청장의 주례로 삼척 시장과 보은 군수가 혼주로 나서, 정이품송의 꽃가루를 받아 이 소나무의 암꽃에 수정하는 행사를 가졌던 거야. 2002년과 2003년에도 정이품송의 꽃가루를 가루받이하여, 이들의 대를 잇는 소나무 네 그루가 그 근처에서 자라고 있단다.

10

농사의 신에게 제사를 지낸 임금, 손수 밭을 갈다

　옛날에 농업은 국가의 근본이 되는 아주 중요한 산업이었어. 그래서 우리 선조들은 고대부터 농사의 신을 받들어 모셨지.

　고대 중국의 제왕인 신농씨와 후직씨는 인류에게 농사짓는 법을 가르쳤다고 전해지는 농사의 신이란다.

　우리나라에서는 삼국 시대부터 이들을 주신으로 모셔 놓고 제사를 지냈어.

　신라의 경우에는 모두 세 차례에 걸쳐 제사를 지냈지. 매년 입춘이 지난 뒤 첫 번째로 돌아오는 '해일(돼지날)'에 선농제, 입하가 지난 뒤 첫 번째로 돌아오는 '해일'에 중농제, 입추가 지난 뒤 첫 번째로 돌아오는 '해일'에 후농제를 지냈단다.

　이러한 풍속은 고려·조선 시대에까지 이어졌어. 그런데 점차 간

소화하여 고려 시대에는 선농제와 후농제를 지냈고, 조선 시대에는 선농제만 지내게 되었지.

선농단은 조선 시대에 역대 임금들이 풍년을 기원하며 농사의 신인 신농씨와 후직씨에게 제사를 지내던 제단이야. 지금의 서울시 동대문구 제기동 274번지 1호에 사방 4미터의 돌단만 남아 있어. 1972년 8월 30일에 서울특별시 유형 문화재 제15호로 지정되었다가, 2001년 12월 29일에 대한민국 사적 제436호로 승격되었지.

조선 시대에 선농제는 매년 경칩이 지난 뒤 첫 번째로 돌아오는 '해일(돼지날)' '축시(새벽 1~3시)'에 지냈어. 이날 제례는 임금과 문무백

조선 시대 풍년을 기원하며 제사를 지내던 선농단

관과 백성들이 참여한 가운데 엄숙하고 성대하게 치러졌지.

　제례를 마치면 쌀과 기장으로 밥을 짓고 쇠뼈와 쇠머리로 탕을 끓였어. 그리고 그 탕에 밥을 말아 임금과 문무백관은 물론 온 백성이 나누어 먹었지. 이를 '선농탕'이라고 하는데 선농단에서 끓인 탕이기 때문에 붙여진 이름이야. 선농탕은 구개음 변화를 일으켜 '설롱탕(설렁탕)'이 되었지.

　그런데 이 이름은 다른 유래도 있어. 쇠뼈로 끓인 국물이 눈처럼 희고 뽀얗다고 '설농탕(雪濃湯)', 탕을 끓일 때 설설 끓는다고 '설농탕'이라고 불렀다는 거야.

선농단 제사의 제수를 장만하는 것은 관동 노비들이었어. 조선 시대에 성균관 근처를 '관동'이라고 했는데, 노비 출신들이 모여 살았지. 이들은 소를 잡아 제단에 올리고, 사람들이 먹을 국을 끓였단다. 그런데 처음에는 김치가 준비되지 않아서 파를 썰어 넣고 소금으로 간을 맞췄는데, 나중에 모두가 이렇게 설농탕을 먹게 되었다는구나.

뒷날 선농제가 없어지자 관동 사람들은 설농탕을 끓여 팔기 시작했어. 그 뒤로 설농탕은 한양 사람들이 즐겨 먹는 대중 음식이 되었지.

선농제 때 탕을 끓인 것은 많은 사람들에게 제사 고기를 골고루 나누어 줄 수 없기 때문이었어. 그래서 살코기는 안주로 쓰고, 큰 솥에 물을 부어 쇠뼈와 쇠머리로 탕을 끓였지.

선농단 남쪽에는 임금이 직접 농사를 짓는 밭인 '적전'이 마련되어 있었어. 임금은 선농제를 올린 뒤에는 적전으로 가서 손수 밭을 갈았지. 이를 '친경(親耕)'이라고 하는데, 백성들에게 농사일의 소중함을 알리기 위해 이런 행사를 가졌단다.

『조선왕조실록』 성종 6년(1475년) 1월 25일 자에는 "임금께서 선농단에서 제례를 올린 뒤, 해 뜰 무렵에 친히 밭을 가셨다. 월산 대군을 비롯하여 재상 신숙주 등의 신하들과 일반 서민들이 함께 약 2천 평의 밭을 일구었다."는 기록이 있어.

당시 친경 행사에는 농부들 가운데 나이가 많고 복이 있는 사람들을 뽑아 참여시켰다는구나.

선농제와 친경은 조선 왕조에서 5백 년 동안 이어져 내려왔어. 그러다가 순종 2년(1908년)에 선농단의 신위를 사직단으로 옮겨 모시면서 중단되었지.

그 뒤 선농단 터는 일제가 우리 민족 문화를 없애려고 청량대 공원으로 만들었어. 8·15 광복 후에는 그 자리에 경성 여자 사범학교와 서울대학교 사범대가 들어섰지. 지금은 그곳에 선농단을 복원하고 선농단 역사 문화관을 세웠으며, 선농단 일대를 선농단 역사 공원으로 지정하였단다.

선농단 옆에 5백여 년 된
향나무가 서 있고, 선농단이 있는 마을을
'계터 마을'이라 불렀다고요?

선농단 옆에는 5백여 년 된 향나무 한 그루가 서 있단다. 높이 10미터, 둘레가 2미터에 이르는데, 현재 천연기념물 제240호로 지정되어 있지. 이 나무는 국내에 있는 향나무 가운데 가장 크고 오래된 것으로, 조선 시대에 선농단을 세울 때 심은 것으로 추정되고 있어.

선농단이 있는 마을을 옛날에 '계터 마을'이라고 불렀어. '계터'는 '제사를 지내던 터'인 '제기(祭基)'의 발음이 변해서 된 것인데, 이곳은 지금 '제기동'으로 불리고 있지. 선농단 남쪽에 있는 적전은 '전농'이라고도 하는데, 현재 이 동네는 '전농동'이란 이름이 붙었어. 그리고 '창동'은 전농에서 수확한 곡식을 넣어 두는 창고가 있어 얻은 이름이란다.

서울 선농단 향나무

11
흉년에 백성들은 풀뿌리와 나무껍질을 캐거나 뜯어먹었다?

평강 공주가 바보 온달을 처음 만났을 때 온달은 산에서 내려오는 길이었어. 가난하여 먹을 것이 모자랐던 그는 산에서 느릅나무 껍질을 벗겨 왔지.

느릅나무 껍질은 소나무 껍질과 함께 사람들이 먹을 수 있는 나무껍질이었어. 나무의 종류가 많아도 먹을 수 있는 나무껍질은 아주 드물었거든. 흉년으로 굶게 된 백성들이 구할 수 있는 먹거리들을 적어 놓은 책인 『구황서』에는 느릅나무 껍질이 빠짐없이 나온단다. 『구황촬요』에는 이렇게 기록되어 있어.

'느릅나무 껍질의 성질은 매끄럽다. 오래 먹으면 배고픔을 느끼지 않으니 기근 때 이를 벗겨 내어 먹어야 한다. 껍질의 흰 부분을 벗겨 내어 햇볕에 말린 뒤 찧어 가루를 내어 먹는다. 하지만 껍질의 즙을

우려내어 먹는 것이 더 쉽고 효과적이다.'

 소나무 껍질은 갈아서 쌀가루와 소금을 섞어 쪄 먹거나 나물과 섞어 죽을 쑤어 먹었지. 소나무는 껍질·솔잎·솔방울·송진 등 다양하게 사용할 수 있었는데, 그중에서 가장 널리 쓰인 것은 솔잎이었어. 죽을 쑬 때 솔잎을 넣어 끓이면 한 사람 먹을 죽을 다섯 사람 먹을 죽으로 양을 늘릴 수 있었단다. 흰죽을 먹는 것보다 솔잎을 넣어 먹으면 기력에도 도움이 된다고 하니 솔잎은 으뜸가는 구황 식물이었어.

 칡뿌리는 조선 초기만 해도 푹 삶아 소와 말에게나 먹이던 사료였어. 그런데 조선 성종 때 한명회가 일본인들이 흉년에 칡뿌리를 캐 먹어 배고픔을 면한다는 말을 듣고, 시험 삼아 칡뿌리를 가루로 만들어 죽을 쑤어 먹었지. 그랬더니 배가 부르고 먹을 만하다 하여 그 뒤 칡뿌리도 중요한 구황 식물이 되었단다.

 오랜 세월 가난한 백성들에게 가장 사랑받은 구황 식물은 도토리와 밤이었어. 『조선왕조실록』에도 먹을 것이 없어 백성들이 도토리와 밤을 먹으며 배고픔을 견뎠다는

내용이 많이 나오지. 도토리와 밤은 누구나 산에 가면 쉽게 구할 수 있고 맛도 좋아 널리 이용되었어. 풍년에는 돼지에게나 주었지만 흉년에는 너도나도 찾는 일등 구황 식물이었어. 숙종 32년(1706년), 큰 흉년이 닥쳤을 때 숙종은 도토리 스무 말을 백성들에게 보내며 "흉년에는 도토리만 한 것이 없다."고 말했다는구나.

우리나라에는 4천 종이 넘는 야생 식물이 있는데, 그중에서 먹을 수 있는 것은 8백여 종이라고 해. 기근이 들어 먹을 것이 필요하면 백성들은 산과 들을 뒤덮은 산나물을 캐러 나섰지. '초근목피(草根木皮)'라는 말이 있듯이 나무껍질과 함께 풀뿌리는 허기를 채우는 귀중한 구황 식물이었어. 『목민심서』에는 흉년이 들자 배고픈 백성들이 나물로 양식을 대신한다는 내용이 나온단다.

조선 시대에 2,125회의 재난이 일어났는데, 그중에서 기근은 419회나 된다고 해. 백성들은 기근을 이겨 내려고 산이나 들을 헤매며 먹을 수 있는 것은 모두 캐내어 먹었지. 그런 가운데 먹어도 해롭지 않고 허기도 채울 수 있는 구황 식물이 나오게 된 거란다.

'찢어지게 가난하다'는 말이
솔잎을 많이 먹어서 생겼다고요?

솔잎은 소나무의 잎이야. 『향약집성방』에는 "솔잎을 좁쌀처럼 잘게 썰어 갈아먹으면 몸이 거뜬해지고 힘이 솟으며 추위를 타지 않는다."고 했어. 그리고 『동의보감』에는 "솔잎을 오랫동안 생식하면 늙지 않고 원기가 왕성해지며, 머리가 검어지고 추위와 배고픔을 모른다."고 했지.

솔잎은 몸에 좋고 훌륭한 구황 식물이었지만 많이 먹으면 변비가 생겼어. 민간에서 설사를 멈추게 하는 약으로도 쓰였는데, 타닌 성분이 많아서 변을 보기 어려워진다는 거야. 간신히 변을 보고 나면 항문(똥구멍)이 찢어지니, '찢어지게 가난하다'는 말이 생겨났지. 가난 때문에 생긴 일이니 이런 말이 나온 거란다.

그렇다면 솔잎을 먹으면 생기는 변비의 고통은 어떻게 해결할까?

『구황촬요』에는 "구황에는 솔잎이 가장 좋지만, 느릅나무 껍질의 즙을 함께 섞어 사용해야 대변이 막히는 걱정이 없을 것이다."라고 기록되어 있어. 솔잎을 많이 먹어 생기는 변비는 느릅나무 껍질로 해결할 수 있다는 거지.

12

선비들은 왜 회화나무를
아끼고 사랑했을까?

창덕궁에는 회화나무 여덟 그루가 서 있어. 이 회화나무들은 천연기념물 제472호로 지정하여 보호하고 있지.

이 나무들은 1826년에서 1830년 사이에 궁중 화가인 도화서 화원들이 그린 「동궐도」에도 세밀하게 묘사되어 있어.

「동궐도」는 국보 제249호로, 창덕궁과 창경궁의 전체 모습을 그린 큰 그림이란다. 열여섯 폭의 비단에 아름답게 그려져 있지.

궁궐에 회화나무를 심은 것은 고대 중국의 영향을 받았기 때문이야. 옛날 중국 주나라에서는 궁궐에 회화나무 세 그루를 심고 태사·태전·태보 등 삼공이 회화나무를 향해 앉았어.

조선 시대에는 이를 본떠서 궁궐에 회화나무를 심고, 삼공에 해당하는 영의정·좌의정·우의정이 회화나무를 향해 앉아 정사를 돌보도록 했단다.

　회화나무는 궁궐뿐만 아니라 학자나 높은 벼슬아치의 집, 서원 등에만 심을 수 있었어. 그래서 회화나무는 우리나라는 물론 중국에서도 상서로운 나무로 여겼으며 '학자수'라고 불렸지. 나뭇가지가 뻗은 모양이 학자의 기개를 뜻한다고 그런 이름이 붙었다고 말하는 사람들도 있어. 따라서 회화나무를 집안에 심으면 이름난 학자가 태어난다는 이야기도 전해지고 있단다.

　옛 선비들은 회화나무를 매우 아끼고 귀하게 여겨, 이사를 가면 마을 입구에 꼭 이 나무를 심어 '학문에 힘쓰는 선비가 사는 곳'임을 널리 알렸지.

상서로운 나무로 여긴 창덕궁 회화나무

또한 회화나무는 귀신을 쫓는 나무라고 하여 대문 앞에 심으면 잡귀가 들어오지 못한다고 믿었어.

회화나무만의 특별한 전설 같은 것이 있는데, 회화나무는 나무마다 스스로 우는 열매가 하나씩 있대. 그 열매를 따서 먹으면 신선이 되어 매우 총명해진다나. 하지만 까마귀가 미리 찾아내어 그 열매를 먹어 버린다는구나. 신통력을 얻은 까마귀는 흉사가 닥칠 집을 찾아가 그 앞에서 까악까악 운다는 거야.

회화나무는 진실을 가려 주는 능력도 있대. 그래서 옛날 중국에서는 재판관들이 회화나무 가지를 들고 판결을 내렸다는 이야기도 있단다.

우리나라에서 천연기념물로 지정된 회화나무 중에는 특별한 사연이 있는 나무들이 있어.

인천시 서구 신현동에 가면 천연기념물 제315호로 지정된 회화나무가 있단다. 이 회화나무는 풍년이 들지 흉년이 들지 점치는 나무로 유명하지. 이 나무에 꽃이 필 때 위에서 먼저 피면 풍년이 들고 아래쪽에서 먼저 피면 흉년이 든다나.

경상북도 경주시 안강읍 육통리에는 천연기념물 제318호인 회화나무가 있어. 이 회화나무는 '김영동 회화나무'라고 불리는데 고려 공민왕 때 이런 일이 있었단다.

이 마을에 사는 김영동이라는 젊은이가 왜구에 맞서 싸우려고 전쟁터로 떠나게 되었는데 효성 깊은 그가 부모님께 이렇게 말했어.

"제가 회화나무 한 그루를 심었습니다. 제가 없더라도 이 나무를 아들처럼 생각하셔서 잘 가꾸어 주십시오."

그런데 전쟁터로 떠난 아들은 왜구와 싸우다가 죽고 말았단다. 부모님은 아들 잃은 슬픔을 잊으려고 정성을 다해 회화나무를 가꾸었다는구나.

천연기념물은 아니지만 충남 서산시 해미면 읍내리의 해미읍성(사적 제116호) 안에는 6백 살쯤 된 회화나무가 있단다. 이 나무는 비극적인 운명의 나무로 유명했지. 1866년, 병인박해가 일어나 수많은 천주교 신자들이 박해를 받았을 때 이 나무가 사람들을 죽이는 처형대로 쓰였거든.

회화나무는 왜
집이나 절 등에 많이 심었나요?

회화나무는 콩과에 속하는, 낙엽이 지는 큰키나무야. 중국이 원산지로, 오랜 옛날에 우리나라에 들어왔으며 전국 어디에서나 잘 자라지. 공해에 강하여 도심 가로수로도 인기가 높아.

회화나무는 은행나무·팽나무·느티나무 등과 더불어 오래 살고 크게 자라는 나무로 알려져 있어. 키는 20미터 이상 자라며, 줄기는 네댓 아름에 이르고 구불구불하고 불규칙하게 자라. 꽃은 8월에 피고 열매는 10월에 익어.

『동의보감』에는 "회화나무 열매, 가지, 속껍질, 꽃, 진, 나무에 생긴 버섯까지 약으로 사용한다."고 기록되어 있어.

옛날 사람들은 회화나무 잎으로 떡을 만들어 먹었으며, 꽃은 천연 염색의 재료로 썼어. 목재는 재질이 느티나무와 비슷하여 가구재로 쓰였어.

회화나무는 한자로 '괴목(槐木)'이고 그 꽃은 '괴화(槐花)'야. 중국에서는 '괴(槐)'를 '회'로 발음하기 때문에 '괴화나무'가 '회화나무'로 불리게 되었지.

한자 '괴(槐)'는 '나무 목(木)'과 '귀신 귀(鬼)'를 합한 글자야. 그래서 사람들은 이 나무가 귀신을 쫓는다고 믿어 집이나 절 등에 많이 심었다고 해.

13

왕비가
뽕잎을 따고 누에를 치다

조선 시대에 임금이 농사의 신에게 제사를 지내고 손수 밭을 간다고 했지? 이를 '친경례'라고 해. 조선이 '농사의 나라'이기 때문에 백성들에게 농사의 소중함을 알리는 의식을 행한 것이지.

그런데 왕비는 궁궐 안에 가만히 있지 않고 손수 뽕잎을 따고 누에를 쳐서, 누에고치에서 실을 빼내어 옷감을 만드는 양잠의 본을 보였단다. 이를 '친잠례'라고 하지.

옛날에는 남성들이 밖에 나가 밭을 갈고 씨를 뿌려 양식을 생산하는 동안, 여성들은 집 안에서 길쌈을 하여 옷을 만들었단다. 길쌈을 하려면 먼저 누에를 쳐서 실을 뽑아야 하지. 그래서 왕비는 해마다 3월에 '누에의 신'인 선잠에게 먼저 제사를 지내고 친잠례를 행했단다.

선잠은 중국 고대의 3황 5제 중 첫째 왕인 황제의 부인인 서릉이야. 서릉은 처음으로 누에 치는 법과 실 잣는 법을 가르쳤대. 그런 그녀를 '누에의 신'으로 받들어 풍악이 울리는 가운데 선잠단에서 제사를 올렸지.

선잠단은 선잠을 모신 곳인데, 조선 초기에는 혜화문 밖에 있다가 뒷날 선농단이 있는 곳으로 옮겼어.

영조 때 펴낸 『친잠의궤』에는 친잠례에 대한 기록이 남아 있어. 그 기록에 의하면, 영조의 왕비 정성 왕후 서씨는 세자빈, 내외명부

부인들과 함께 친잠례를 행했어. 왕비는 먼저 선잠단에서 제사를 지내고, 동행한 부인들과 뽕잎을 따서 광주리에 담았어. 그들이 따는 뽕잎 가지의 수는 저마다 달랐는데, 왕비는 다섯 개, 내외명부 1품이 일곱 개, 내외명부 2품과 3품이 아홉 개였단다.

그 뒤 왕비가 궁궐로 돌아가고, 세자빈과 내외명부 부인들이 뽕잎을 누에 있는 곳에 가져가면 누에 치는 여성인 잠모가 뽕잎을 썰어 누에에게 나눠 주었지. 그리하여 세자빈과 내외명부 부인들도 궁궐에 돌아오면 왕비가 그들을 위로하는 잔치를 베풀었단다.

우리나라에서 양잠이 시작된 것은 고조선 시대부터야. 중국의 양잠이 만주를 거쳐 한반도로 들어온 것으로 보여. 신라의 시조 박혁거세가 왕비와 함께 돌아다니며 누에고치를 권장했다는 기록이 있어. 양잠으로 생산한 신라의 비단이 중국에까지 수출되었다고 해.

양잠은 고려 시대에도 성행했지만 조선 시대에 와서 국가적인 산업으로 널리 시행되었어. '누에 치는 곳'을 '잠실'이라 하는데, 세종 때는 궁궐과 서울의 밤섬에 뽕나무를 심도록 하고 사대문 밖에 잠실을 설치했지. 세조는 양잠에 관심이 많아 지방의 수령들에게 뽕나무 심기와 누에치기를 적극 권장했어. 그 결과 성종 때는 양잠이 널리 보급되었단다.

임진왜란 때 명나라 장수 두사충이 조선에 귀화하여 대구에 뽕나무밭을 일구었다면서요?

두사충은 당나라 시인 두보의 21대손으로, 임진왜란 때 명나라 장수 이여송을 따라 조선에 왔어. 그는 풍수 전문가로서 이순신과 자주 만나 전략, 전술을 논하였다고 하지.

두사충은 앞날을 내다보는 능력이 있어 장차 청나라가 명나라를 집어삼킬 거라고 보았지. 그래서 그는 오랑캐 백성으로 살 수 없다며 두 아들과 함께 조선에 귀화하여 조선 사람이 되었단다.

선조는 그를 한양에 살게 해 주었지만 두사충은 대구로 내려와 살았어. 풍수의 대가답게 경상 감영 자리에 터를 잡고, 아들에게는 "하루에 천 냥이 나오는 길지"라고 말했지. 뒷날 그곳이 대구의 중심가가 되었다는구나.

2년 뒤 경상 감영이 대구로 옮겨 오자, 두사충은 그 땅을 경상 감영 터로 내주고 지금의 계산동으로 이주했어. 그는 백성들의 의복 문제를 해결한다며 4천여 평 땅에 뽕나무를 심고 누에를 쳤지. 지금은 도시화로 뽕나무가 거의 사라졌지만, 오늘날에는 '뽕나무 골목'으로 불리며 그 옛날의 역사를 증언하고 있단다.

14

조선 시대에는
꽃에 미친 사람들이 많았다?

조선 중기에 윤생이라는 사람이 살았어. 윤생은 공주의 남편인 부마의 손자이자 재상의 사위였지. 물려받은 재산도 적지 않아 남부럽지 않게 살았단다.

그가 좋아하는 것은 꽃이었어. 마음에 드는 꽃이 있으면 값을 묻지 않고 무조건 사들였어. 자신이 구하고 싶은 꽃이 누구한테 있다고 하면 문턱이 닳도록 찾아가 며칠을 조른 끝에 기어이 손아귀에 넣었지.

윤생의 집에는 중국 역사책인 『자치강목』이 있었어. 윤생의 이웃인 서생이 이 책을 몹시 탐내고 있었지.

어느 날 서생이 귀한 화분을 얻었어. 어느 지방 고을 수령으로 간 그의 장인이 보내 준 왜철쭉 화분이었어.

서생은 윤생을 집으로 불러서 왜철쭉 화분을 보여 주었어. 그러자 윤생은 귀한 꽃이라는 것을 첫눈에 알아보고 흥분을 감추지 못했지.

"오, 왜철쭉을 내 눈으로 처음 보다니……. 이 귀한 꽃을 어디서 구하셨소? 당장 나한테 파시오."

윤생의 뜨거운 반응에 서생은 그럴 줄 알았다는 듯 빙그레 웃으며 말했어.

"역시 귀한 꽃을 금방 알아보시는구려. 천금을 주고도 살 수 없는 꽃이라는 것을 잘 아시죠? 돈을 받고 팔 수는 없고, 그대가 갖고 있다는 역사책 『자치강목』을 내주신다면 이 꽃을 드리리다."

"좋소. 내 책과 바꿉시다."

윤생은 집으로 달려가 『자치강목』을 가져와 왜철쭉 화분과 바꿔 갔단다.
　세월이 흐르면서 윤생은 점점 가난해졌어. 귀한 꽃들을 사들이느라 논밭과 노비, 집까지 팔아 치웠기 때문이야. 나중엔 문간방을 얻어 살았는데 방 안에는 온갖 꽃 화분이 가득해 누울 공간도 없었단다.
　세상 사람들은 그를 '꽃에 미친 사람'이라고 손가락질했지. 그래도 그는 전혀 노여워하지 않고 오히려 즐거워했다는구나.
　조선 시대에는 윤생처럼 꽃에 미친 사람들이 많았어.

승지 박사해는 매화에 미쳐 있었어. 추운 겨울밤 안채에서 자는데 눈보라가 불어닥쳤어. 박사해는 매화가 걱정되어 잠을 잘 수가 없었지.

'매화가 얼면 어쩌지?'

박사해는 생각다 못해 덮고 있는 홑이불로 매화를 덮어 주었어. 그제야 안심이 된 그는 추위 때문에 벌벌 떨면서도 아내에게 웃으며 말했다고 해.

"매화가 이젠 춥지 않겠지?"

영조, 정조 때 '백화암'이라는 화원을 운영했던 유박도 꽃에 미친 사람이었어. 그는 황해도 배천군 금곡에 살았는데, 평생 꽃을 가꾸다가 인생을 마쳤지.

유박은 어디에 기이한 꽃이 있다고 하면 천 리를 멀다 하지 않고 찾아갔어. 천금을 주고서라도 그 꽃을 샀지. 외국 배가 들어오면 일부러 찾아가 귀한 외국종 꽃을 구하기도 했단다.

유박의 화원에는 봄에는 복사꽃, 여름에는 석류꽃, 가을에는 국화, 겨울에는 동백 등 사시사철 꽃이 끊어지지 않았어. 사계절 꽃을 구해다가 큰 것은 땅에 심고 작은 것은 화분에 담아 길렀지.

유박이 열성적으로 꽃을 구한다는 것은 온 고을에 소문이 났어. 그래서 어부들이 먼 곳에 갔다가 기이한 꽃을 발견하면 화분에 담아 재물을 바치듯 유박에게 바쳤어.

유박이 꽃에 쏟는 정성을 아는 가족은, 그가 여행으로 집을 비우면 대신 물을 주고 꽃을 가꾸었어. 이웃들도 제 일처럼 꽃을 돌봐 주었지.

유박은 당대에 소문난 꽃 전문가였어. 그는 자신의 꽃 재배 경험을 바탕으로 『화암수록』이라는 책을 썼단다. 강희안이 쓴 『양화소록』과 함께 손꼽히는 꽃 전문서이지.

조선 시대에는 꽃을 키워 파는 상인들도 있었다면서요?

조선 시대에는 꽃을 좋아하는 사람들이 늘어나니 덩달아 꽃을 키워 파는 상인들도 생겨났어. 이옥의 『백운필』에는 "우리나라에는 꽃 시장이 없었다. 그래서 일찍이 꽃 파는 사람이 없었다. 다만 필운대 아래 누각동 및 도화동 청풍계 등지에 혹 아전으로 늙은 사람 가운데 한가롭고 또 가난한 사람이 있어 꽃에 종사하는 이가 많다. 이미 그 즐거움을 알아 이것으로 생계를 삼는다."고 기록되어 있지.

한양 도성의 백성들 가운데도 가난하여 생계를 꾸려 가지 못하는 사람들이 땅을 얻어 꽃밭을 일구었어. 그렇게 해서 가꾼 꽃들을 내다 파니 농사짓는 사람들보다 몇 배 더 수입을 올릴 수 있었단다.

한양의 부자들 중에는 돈을 아끼지 않고 기이한 꽃을 사들이는 사람들이 많았어. 그래서 전라도 지방에서 조운선이 세곡을 싣고 한양에 오면, 치자·석류·동백 등의 꽃 화분들이 같이 실려 와 불티나게 팔렸다는구나.

15

조선 시대 사람들은
밥 대신 참외를 먹고,
참외 먹기 내기를 했다?

　수박이 양반들의 과일이라면 참외는 서민들의 과일이었어. 요즘은 수박이 흔하지만 옛날에는 재배가 어려워 흔하지 않았거든. 하지만 참외는 수박보다 키우기 쉽고 흔하여 많은 사람들에게 사랑을 받았단다. 농민들이 보릿고개를 넘기면 가을에 곡식을 거두어들이기 전에 밥 대신 먹는 것이 참외였어. 양식이 떨어져도 여름에 배불리 먹을 수 있었지.

　1909년 일본에서 출간된 『조선 만화』에는 참외에 대한 이런 내용이 실려 있어.

　조선의 참외는 대단한 산물이다. 7월 초부터 8월 내내 "참외 사려!" 하는 소리가 문 앞에서 끊이지 않는다. 참외가 나오면 한인가의 쌀집은 매상이 70퍼센트나 떨어진다고 한다. 하층 계급의 조선인은 밥 대신에 참외를 먹고, 참외 먹기 내기를 한다. 진 사람은 이긴 사람이 먹는 참외 값을 지불하는 것이다. 그럴 경우 참외를 스무 개나 먹기도 한다고 하니 대단한 폭식이다. 일본인의 경우 8월 가장 더운철에 참외 한 개만 먹어도 즉시 병원에 가게 되지만, 조선인은 아무리 먹어도 병원에 갔다는 소리를 들어 보지 못했다.

이 책에 따르면, 조선 사람은 여름에 참외로 살아간다고 했어. 누

구나 실컷 먹는 것이 참외라는 거야. 길을 걸어가면서도 먹고, 길가에 쪼그리고 앉아서도 먹는단다. 1910년대에 참외 일 년 생산량이 2천만 관이라고 하니 정말 누구나 먹을 수 있는 흔한 과일이 참외였어.

참외는 원산지가 인도로, 삼국 시대 이전에 중국에서 들어왔다고 해. 지금은 성주 참외가 우리나라 참외 생산량의 70~80퍼센트를 차지하는데, 이 참외는 일본산인 은천 참외를 개량한 품종이야. 옛날에는 우리나라에 여러 지방에서 다양한 재래종 참외들이 생산되었어. 참외 종류만 해도 개구리참외, 배꼽참외, 꾀꼬리참외, 쥐통참외, 술통참외, 먹통참외, 감참외 등이 있었지. 참외 명산지로는 충청도에 성환 참외, 전라도에 무등산 참외, 서울과 경기도에 뚝섬 참외·시흥 참외·과천 참외, 평안도에 평양 참외·벽동 참외, 강원도에 춘천 참외 등이 있었어.

우리나라 사람들의 참외 사랑은 각별했지. 고려 시대에는 참외 모양을 본떠 청자를 만들었을 정도야. 국보 제94호 청자 참외 모양 병, 국보 제114호 청자 상감 모란 국화무늬 참외 모양 병이 참외 모양으로 만든 이름난 청자란다.

옛날 사람들은 참외를 좋아하여 손님이 찾아오면 참외를 대접했고 지인들에게 참외를 선물하는 경우가 많았어. 조선 사람들이 참외를 좋아한다는 것은 일본에까지 소문이 나서, 조선 통신사들이 일본에 가서 참외 선물을 가장 많이 받았다는구나.

조선 시대에는 임금들도
참외를 좋아했다면서요?

참외는 서민들의 과일이라고 하지만, 조선 시대에는 임금들도 참외를 좋아했어. 세종이 경기도 용인·이천·여주 등지로 사냥을 다닐 때 백성들이 참외와 보리밥을 임금에게 대접했다고 해. 그러면 맛있게 먹고 술과 음식으로 답례했지. 성종도 참외를 좋아하여 즐겨 먹었는데, 어느 날 참외를 먹다가 자신의 형인 월산 대군이 생각난 거야. 그래서 월산 대군에게 참외를 보내며 이런 시를 썼지.

새로 익은 참외 맛이 수정처럼 시원하다.
형제의 정을 생각하니 차마 혼자 먹을 수 없구나.

조선 시대에 임금들은 참외가 진상되면 조정의 모든 신하들에게 참외를 나눠 주었단다. 신하들이 모두 반기는 선물이 바로 참외였지.

16

사헌부 감찰들은
날마다 차를 마시며 회의를 했다?

사헌부는 조선 시대에 언론과 감찰 등을 맡은 관청이야. 언론 활동은 왕의 언행과 잘못이 있을 때 이를 바로잡기 위해 하는 간쟁, 비리 관원에 대한 탄핵, 정치의 옳고 그름을 논해 바른 정치로 이끄는 시정, 부정한 인사를 막아 합리적이고 능률적인 정치가 이루어지도록 하는 인사 등이 있지.

감찰 활동은 문무백관들을 대상으로 부정부패를 일삼지 않고 저마다 맡은 일을 잘하고 있는지 살피는 거야. 모든 관원들의 근무 상황과 태도, 일의 진행과 처리에 잘못이 있는지를 자세히 감찰하는 거란다.

언론 활동은 지평(정오품) 이상 상관이 맡았고, 감찰 활동은 하관인 감찰(정육품)의 몫이었어. 직무가 서로 다르기 때문에 다른 청사를 사용했지. 상관인 대사헌·집의·장령·지평 등은 본청사의 대청, 하관인 스물네 명의 감찰들은 별청의 감찰방에서 근무했어.

　감찰들은 인원과 맡은 일이 많았기에 업무를 서로 나눌 필요가 있었어. 그래서 누구를 어느 관청에 보낼지, 날마다 한자리에 모여 회의를 해서 결정했지. 이 업무 분장을 '분대'라고 하는데, 그날 집행할 직무를 '분대기'에 기록했단다.

　감찰들은 이때 차를 마시며 회의를 했어. 그래서 이 시간을 '다시(茶時)'라고 했지. 한밤중에 이루어지는 '야다시(夜茶時)'도 있는데, 이는 긴급회의를 말하지.

　높은 벼슬아치의 부정과 비리를 적발하면 감찰들이 그 벼슬아치의 집 근처에 모여 부정과 비리를 나무판에 적었어. 그러고는 비리가 적힌 나무판을 벼슬아치 집 대문 위에 걸어 두었지. 그리고 가시나무로 대문을 틀어막고 봉한 뒤에 서명하고 집을 떠났단다. 결국 그 사람은 처벌을 받지 않아도 벼슬에서 물러나야 하고, 죽을 때까지 관리가 될 수 없었지.

　조선 시대 전기에는 사헌부뿐만 아니라 서울의 다른 관청에도 차를 마시는 시간인 '다시'가 있었어. 관리들은 날마다 하루 업무를 마칠 때쯤 모여 함께 차를 마셨지. 관리들이 차를 마시려면 누군가 차를 끓이고 찻잔을 준비하는 등 차를 다룰 사람이 필요하겠지? 그래서 각 관청에서는 관비인 '다모'를 두어 차 심부름을 시켰단다.

다모는 차 심부름뿐만 아니라 조선 중기 이후부터는 부녀자들에 대한 범죄 수사에 활용하기 시작했지.

다모가 여자 형사 노릇을 하기 전에는 의녀가 그 일을 맡았어. 의녀는 여성이 범죄를 저질렀을 때 수색하고 염탐하고 체포하는 일 등을 했지. 하지만 그 일을 오래 할 수가 없었어. 의녀를 둔 것은 환자를 치료하기 위해서라며 의녀에게 여자 형사 역할을 맡기는 것을 꺼리게 되었거든. 대신 다모가 그 역할을 전담하게 되어 의녀는 조선 중기 이후 수사 업무에서 손을 떼게 되었지.

다모가 포도청에서
여자 형사로 활동했다면서요?

포도청은 죄인을 잡고 신문하여 죄를 주는 기관이야. 조선 시대에는 '남녀칠세부동석((男女七歲不同席)'이라 하여 남자와 여자의 구분이 엄격했어. 따라서 남자 포졸이라 해도 외간 남자이니 여자 범인의 안채에 들어가거나, 몸을 수색할 수 없었어. 그러다 보니 여자와 관련된 사건이 일어났을 때 수사에 어려움이 많았지. 그때 포도청에서 여자 형사로 활용한 것은 다모였어. 남자들이 하기 어려운 사대부 여성들에 대한 염탐과 수색, 사체 확인·검시에 이르기까지 많은 일을 맡길 수 있었던 거야.

다모는 반역 사건에 공을 많이 세웠어. 역적모의가 있다는 정보를 입수하면 죄인을 묶을 수 있는 오랏줄과, 죄인을 단번에 제압할 60센티미터짜리 쇠도리깨를 치마 속에 감춘 채 출동했어. 그래서 죄인이 확실하다는 물증을 잡으면, 쇠도리깨로 문을 부수고 들어가 "다모 출두야!" 하고 외친 뒤 죄인을 사로잡았단다. 그러니 다모는 많은 사람들에게 공포의 존재였지.

다모에게는 '통부'라는 신분증이 있었어. 통부는 길이 두 치, 두께 한 푼인 나무 조각이야. 절반으로 쪼개서 한쪽은 포도대장에게 맡기고 나머지 반쪽을 갖고 다녔지. 그랬다가 죄인을 잡거나 신분 확인이 필요할 때는 통부를 보여 주었어. 다모에게는 상당한 권한을 주어 죄인을 잡을 때 살인해도 처형당하지 않고 유배형에 그쳤지. 다모는 죄인을 호송할 때 '종이 광대'라 불리는 가면을 얼굴에 써서 자신의 신원을 감추었다는구나.

포도청에는 '다모간'이라 하여 다모들의 전용 집무실이 있었어. 다모들은 이곳에서 지내며 범죄 수사에 나섰지.

다모는 포도청뿐만 아니라 형조·의금부·사헌부 등에도 있었어. 그러다가 다모의 필요성이 커지자 지방 관청에까지 다모를 두게 되었지.

다모는 국가에 묶여 있는 노비의 신분이었지만, 다모가 되는 것은 쉽지 않았어. 채용 조건에 맞아야 했거든. 포도청의 선발 요건에 따르면, 우선 키가 오 척(약 150센티미터)이 넘어야 했어. 조선 시대 남성의 평균 키가 161센티미터, 여성의 평균 키가 149센티미터였으니 평균보다 키가 커야 했어. 그리고 쌀 다섯 말(약 40킬로미터)을 가볍게 들어 올려야 했어. 게다가 막걸리 세 사발을 단숨에 마실 수 있어야 했지. 그뿐만이 아니야. 발차기 등 무술에 능하고, 시아버지·남편의 이름을 서슴없이 부를 정도의 배포도 있어야 했대. 보통 여성들보다 강한 체력과 배짱, 남성적인 기질을 지녀야 다모에 뽑힐 수 있었단다.

17

관리들은 쌀·보리·베를 봉급으로 받았다?

옛날 벼슬길에 오른 관리들도 봉급을 받았는데 이를 '녹봉(祿俸)'이라고 해. 관리들이 경제적인 어려움 없이 나랏일에 힘쓰라고 국가가 쌀·보리·베 등을 봉급으로 주었던 거야. 통일 신라 때 이를 실시했다는 기록이 보이지만 자세히 알려진 것은 없어.

녹봉 제도는 고려 때 전면적으로 실시되어 조선 시대에까지 이어졌지. 고려 시대에는 등급에 따라 관리들에게 녹봉을 지급했어. 문종 대에는 47등급, 인종 대에는 28등급으로 나누어 매년 1월과 7월에 관리들에게 봉급을 주었지. 녹봉이 지급되는 날을 '인일(人日)'이라 하는데, 이날 의식을 치르고 녹봉의 지급 증서인 녹패를 받은 뒤 임금께 감사의 표를 올렸다고 해. 가난한 관리들에게는 녹봉이 얼마나 큰 도움이 되었는지, 재상인 이규보는 녹패를 받고 임금께 올린 감사의 표에서 '녹패에는 여러 목숨이 매여 있어 녹패를 받은 사람들은 모두 감격의 눈물을 줄줄 흘립니다.'라고 밝혔지. 녹패를 받으면 다음 날에야 쌀·보리 등의 곡식을 수령할 수 있었어. 곡식이 부족할 때는 베나 비단을 주기도 했지. 녹패를 가지고 봉급 창고인 광흥창에 가서 녹패에 적힌 액수만큼 현물로 녹봉을 받았단다.

광흥창은 서울의 와우산 자락에 있었는데, 조선 시대 관리들은 문관은 이조, 무관은 병조에 가서 녹패를 받은 뒤 광흥창에 가서 봉급을 받았어. 조선 시대에는 정일품에서 종구품까지 품계에 따라 총 18등급으로 나누어 쌀·콩·보리·옷감·저화를 지급했어. 이를테면 최고위직인 제1과 정일품은 쌀·콩·보리 등의 곡식 아흔일곱 석,

옷감 스물한 필, 저화 열 장을 받았고, 최하위직인 제18과 종구품은 쌀·콩·보리 등의 곡식 열두 석, 옷감 두 필, 저화 한 장을 받았지.

하지만 그 뒤 임진왜란으로 재정이 어려워지자 인조 때는 녹봉 지급 대상이 13과로 줄어들었고 녹봉도 절반으로 줄어들었어. 그리고 숙종 때는 녹봉 지급 대상이 9과로 줄어들었고 명주·삼베 등의 옷감은 지급하지 않았지. 이처럼 관리들이 받는 녹봉이 형편없이 적었으니 재산이 없는 관리들은 식구들이 입에 풀칠하기도 어려웠어. 그러다 보니 조선 시대에는 관리들이 뇌물을 받는 등 온갖 부정이 이루어졌지.

조선 초기에는 고려 시대처럼 녹봉을 1월과 7월 두 번 지급했어. 그러다가 세종 때부터 1월·4월·7월·10월 네 번 지급했고, 숙종 때에 흉년이 들어 국가 재정이 매우 어려워지자 녹봉을 매달 지급하게 되었단다. 이리하여 녹봉은 말 그대로 월급이 되었지. 그 뒤 1894년 갑오개혁 때 녹봉 제도를 폐지하고 월급을 화폐로 지급하는 것으로 바뀌었단다. 따라서 대군·왕자군은 무급으로 350원, 정일품 300원·종일품 200원·정이품 150원·종이품 120원·3품 80원·4품 40원·5품 35원·6품 30원·7품 25원·8품 20원·9품 15원을 받았지.

조선 시대에는 관청에 있던 노비나 기생들도 봉급을 받았어. 이들은 나라에서 먹여 주고 재워 주기만 했을 것 같지만 실제는 그렇지 않아. 직장처럼 출퇴근 시간이 정해져 있었고 3월·6월·9월·12

월 이렇게 네 번에 걸쳐 일정한 액수의 봉급을 받았지.

　예를 들면, 기생의 경우 현미 두 가마, 전미·콩 각 한 가마, 옷감 한 필, 저화 한 장을 주었지. 궁궐에는 궁녀들뿐 아니라 하녀인 무수리·방자 등도 있었어. 특이한 점은, 조선 시대에는 관리들이 일 년에 두 번 또는 네 번 녹봉을 받을 때 궁녀들은 매달 녹봉을 받았다는 거야. 이들은 그야말로 월급제였지. 궁녀는 일반적으로 상궁과 나인을 가리키는데, 대전·내전·대비전·세자궁 등에서 왕·왕비 등과 그 가족을 시중드는 일을 했어. 이들에게는 매달 쌀·콩·북어 등이 지급되고 봄과 가을에 옷값이 나왔지.

　무수리는 궁중 각 처소에서 물 긷기·불 때기 등의 잡일을 하는 하녀야. 푸른색 치마저고리를 입고 치마 중간에 맨 허리띠에 무수리임을 나타내는 패가 달려 있지. 이들은 개화기 때는 궁 밖에서 매일 출퇴근하면서 일했어. 영조의 친어머니인 숙빈 최씨가 무수리 출신이었다고 해. 방자는 상궁의 처소에서 생활하는 가정부·식모·침모 등을 말해. 상궁과 나인들의 하녀가 곧 방자인 거지. 그런데 이들 무수리나 방자도 조선 시대에는 월급을 받았단다. 고종 때 무수리는 매달 쌀 여섯 말, 콩 서 말, 대구어 네 마리, 방자는 매달 쌀 여섯 말, 대구어 네 마리를 받았지.

관리들은 쥐꼬리만 한 봉급을 받아도 부업을 하면 안 된다면서요?

조선 시대 영조 때 호조의 서리 벼슬에 있던 김수팽이 하루는 동생 집을 찾아갔어. 동생은 선혜청의 서리로 일하고 있었지. 동생 집 마당에는 항아리가 늘어서 있고, 항아리마다 염색액이 가득 차 있었어. 김수팽이 "이게 무엇이냐?"고 묻자 동생이 대답했어.

"형님도 아시다시피 녹봉만으로 생활이 어렵지 않습니까? 그래서 아내가 생계를 도우려고 염색 일을 시작했습니다."

김수팽은 동생의 말을 듣고 화가 나서 소리쳤어.

"우리 형제는 관리에 임명되어 나라에서 녹봉을 받고 있다. 그런데 부업으로 이런 일을 한다면 가난한 백성들은 무슨 일을 하여 살아가겠느냐?"

김수팽은 마당에 있던 몽둥이를 집어 들더니 항아리들을 모조리 부수었어.

조선 시대에 관리들에게는 해서는 안 되는 일이 있었어. 그것은 관직을 맡은 중에는 부업을 가져서는 안 된다는 것이었지.

따라서 가난한 관리들은 쥐꼬리만 한 녹봉을 받아도 다른 수입 없이 궁핍하게 살아야 했어.

선조 때 예조 참판·사헌부 대사헌 등을 지낸 유희춘은 자신의 생활을 꼬박꼬박 일기로 쓴 것으로 유명해. 그가 남긴 『미암일기』를 보면 그는 관직에 있는 동안 녹봉을 모두 17회에 걸쳐 받았어. 그런데 그 녹봉은 대부분 자신의 생활비로 썼을 뿐이었고, 따로 모아 두거나 고향에 있는 가족에게 보내 주지 못했어. 오히려 양식이 모자라 해남 농장에서 벼·보리 등을 배로 실어 와야 했지.

유희춘은 고향에서 한양으로 불러올린 노비 예닐곱 명을 두고 있었는데, 이들에게 매달 남종은 쌀 다섯 말, 여종은 쌀 서 말씩을 월급으로 주었단다. 게다가 온 식구들이 매달 먹어 치우는 곡식이 마흔 말 다섯 되나 되어 지출이 만만치 않았지. 그나마 유희춘은 재산이 있고, 지방관을 비롯한 동료 관료·친인척·지인들로부터 선물 받는 물품들이 상당히 많았기에 어려움 없이 살림을 꾸려 갈 수 있었단다.

18

나뭇잎 한 장이
기묘사화를 불렀다?

　중종 때의 학자이자 문신인 조광조는 대쪽 같은 성품으로 유명했어. 자기가 옳다고 생각하는 일은 끝까지 밀고 나가 성사시켰지. 중종이 허락하지 않을 때는 하루에도 몇 번씩 뵙기를 청하여 끈질기게 졸라 댔단다.

　중종 13년(1518년), 조광조는 부제학이 되자 궁중에 설치한 소격서를 폐지할 것을 주장했어.

　"전하, 소격서는 도교의 제천 행사를 주관하는 관청입니다. 제천 행사는 천자만이 주관할 수 있는데 제후국인 조선에서 어찌 이를 행한단 말입니까? 하늘과 땅과 별에게 제사를 올리는 관청은 없애야 합니다."

　그러나 중종은 처음에 이를 받아들이지 않았어. 소격서를 폐지하는 것에 많은 관리들이 반대했고, 특히 궁중에 있는 비빈이나 궁녀들이 다 같이 들고 일어났거든.

하지만 조광조는 물러서지 않았어. 하루는 관리들을 이끌고 승정원으로 들어가 말했지.

"오늘 전하의 윤허를 얻지 못하면 물러가지 않겠소."

그러고는 중종 앞에 나아가 새벽까지 아뢰었어.

"전하! 소격서를 당장 폐지해야 합니다. 부디 윤허하여 주시옵소서."

승지들은 지친 나머지 책상에 엎드려 곯아떨어졌고, 임금이나 내관들이나 괴로운 표정을 지었어. 결국 임금은 마지못해 승낙하고 말았단다.

중종 14년(1519년), 조광조는 상소를 올려 기존의 정치 세력인 훈구파를 몰아내는 일에도 앞장섰어.

훈구파는 중종반정으로 공신이 된 무리였는데, 조광조는 정국공신이 너무 많다고 주장했어. 공을 세우지 않았는데 훈적에 잘못 오른 자들이 아주 많다면서 이들의 공훈을 삭제하라고 상소한 거야.

이리하여 반정 공신 가운데 4분의 3에 해당되는 일흔여섯 명이 공훈을 삭제당해 토지와 노비를 몰수당했단다.

홍경주·남곤·심정 등 훈구파는 이를 부득부득 갈았어.

"조광조를 내버려 둘 수 없어. 그를 반드시 몰아내야 한다."

그들은 앙심을 품고 복수의 칼을 뽑아 들었어. 경빈 박씨 등 소격서 폐지로 마음이 상한 후궁을 시켜, 대궐 후원의 오동나무 나뭇잎에 꿀로 '주초위왕(走肖爲王)'이라는 글자를 써서 벌레에게 갉아 먹게 했어.

'주초(走肖)'를 합하면 '조(趙)' 자가 되니 '조씨가 왕이 된다.'는 뜻이었지. 궁녀를 시켜 이 잎을 따서 중종에게 바치게 한 거야.

"조광조가 왕위를 노린다는 소문이 있습니다. 백성들도 조광조를 임금으로 섬기려 한답니다."

이와 때를 같이하여 남곤은 은밀히 중종을 만나서 조광조를 모함했단다.

"조광조가 당파를 만들어 조정을 문란하게 하고 있습니다. 그를 잡아들여 정치를 바로잡아야 합니다."

그때 중종은 조광조의 급진적인 개혁과 과격한 언행에 싫증을 느끼기 시작했어. 왕은 남곤의 탄핵을 받아들여 조광조를 비롯하여 김식·김구·김정 등을 잡아들였어. 그리고 조광조와 신진 사류들을 모조리 숙청했지. 이 사건을 '기묘사화'라고 한단다.

그해 12월 조광조는 지금의 전라도 화순 능주인 능성으로 귀양을 가서 사약을 받고 죽었어.

조광조의 개혁 정치는 실패로 끝났지만, 그의 도학 정신은 후세에 전해져 이황·이이 등의 유학자들에게 많은 영향을 주었단다.

훈구파와 사림파는 왜 대립했나요?

기묘사화는 중종 14년(1519년) 11월, 홍경주·남곤·심정 등 훈구파 재상들에 의해 조광조·김식·김구·김정 등 신진 사림파가 화를 입은 사건이야.

조선 왕조는 성종 때부터 지방에 있는 사림들이 본격적으로 중앙에 진출하기 시작했어. 이때 중앙 정치를 지배하는 것은 훈구파였어.

훈구파는 조선 건국이나 조선 초기의 정변에서 공을 세워 출세한 세력이야. 이들의 세력이 커지자 성종은 이들을 견제하려고 사림파를 관리로 임명한 거야. 사림파는 기존의 정치 세력인 훈구파를 비판하였기 때문에 사림파와 훈구파는 서로 대립하며 갈등을 빚게 되었지. 사헌부나 사간원, 홍문관 등에 등용된 사림파는 왕이나 신하의 잘잘못을 따지곤 했지. 연산군 때에는 사이가 무척 나빠졌단다.

그러던 중 무오·갑자사화가 일어나 사림파가 큰 화를 입었어. '사화'는 사림파와 훈구파의 대립으로 많은 선비가 희생된 사건을 뜻하는 말이야. 선비들이 화를 입었다고 해서 '사화(士禍)'라고 하지.

중종반정으로 왕위에 오른 중종은 정치를 개혁하려고 사림파를 많이 등용했어. 조광조를 비롯한 신진 사림파 세력은 소격과를 폐지하고, 현량과를 새로 설치해 능력 있는 인재들을 발굴하는 등 개혁을 추진했어. 하지만 이들이 중종 14년(1519년)에 '반정 공신 위훈 삭제' 사건을 일으키면서 훈구파의 미움을 사게 되었단다. 조광조가 상소를 올렸는데, 인조반정 때 공을 세우지 않고 훈적에 잘못 오른 사람들이 상당수라며 이들의 공훈을 삭제하라는 내용이었지. 이리하여 반정 공신 가운데 4분의 3에 해당하는 일흔여섯 명의 공훈이 삭제되어 토지와 노비를 몰수당했지.

이 사건으로 위기의식을 가진 훈구파는 사림파의 우두머리인 조광조 일파를 몰아내려고 기묘사화를 일으켰어. 훈구파는 조광조를 모함하여 조광조 일파를 정계에서 물러나게 했지. 기묘사화로 조광조·김식·기준·한충 등이 사형당하거나 자결했어. 세상에서는 이들을 '기묘명현(己卯名賢)'이라고 부른단다.

명종 때는 을사사화가 일어났는데, 나이 어린 왕을 대신해 나라를 다스리던 문정 왕후와 윤원형 일파가 윤임 세력을 몰아내는 과정에서 사림파가 큰 화를 입었단다. 을사사화 이후 사림파는 지방으로 내려가 서원을 세우고 학문에 정진하며 세력을 키워 갔지.

19

수박을 훔친 죄로
곤장 100대를 때리고
귀양을 보냈다?

 중종 21년(1526년) 9월 11일에 중종이 사냥을 나갔어. 그런데 강가에 이르러서 보니 어느 여인이 물건을 머리에 이고 서 있는 거야. 중종은 무슨 일인가 궁금하여 도승지 류박을 보내 알아보라고 했어. 잠시 뒤 여인을 만나고 온 도승지가 중종에게 아뢰었어.

 "여인은 전하를 기다리고 있었습니다. 자기 집 텃밭에 수박을 심고 가꾸었는데 아주 크고 맛있는 수박이 열려서 전하께 바치겠다고 합니다."

 "여인이 사사로이 바치는 물건이긴 하지만 그 정성이 갸륵하구나. 수박을 받도록 하라."

 중종은 도승지에게 명령을 내린 뒤 대신들을 불러 물었어.

 "방금 한 여인이 정성껏 가꾼 수박을 내게 바쳤는데 백성이 사사로이 바치는 물건을 받아도 되겠소?"

대신 남곤이 중종에게 아뢰었어.

"전하, 그런 경우는 물건을 받는 것이 아니라 정성을 받는 것입니다. 당연히 수박을 받으셔야지요."

정조 3년(1779년) 8월 4일에는 이런 일이 있었어. 정조가 세종의 능인 영릉에 가려고 궁궐을 나섰어. 임금의 행차는 영릉이 있는 여주 땅을 향해 나아갔지. 그런데 이천 서현에 이르렀을 때였어. 한 노인이 길가에서 수박을 품에 안은 채 임금을 향해 다가오는 거야. 임금을 호위하는 병사들은 노인을 제지했지.

"물렀거라! 하늘 같은 임금님 행차시다. 어딜 함부로 다가오는 것이냐?"

노인이 억울하다는 듯 항의했어.

"전하께 맛있는 수박을 바치려는데 왜 앞을 가로막는 거요? 다른 뜻이 있는 것도 아니고 제 정성을 바치려는 것뿐이오."

정조는 이 광경을 보고 신하들에게 말했어.

"임금을 섬기려는 백성의 갸륵한 뜻은 알겠다만, 이를 받아서야 되겠는가? 한 번 허락하면 모든 사람들이 상을 바라고 다투어 물건을 바치려 할 것이다."

정조는 노인에게서 수박을 받지 않았지.

수박은 원산지가 아프리카야. 고대 이집트에서 재배되었지. 4천여 년 전에 만들어진 고대 이집트 벽화에 수박이 그려져 있단다.

수박은 중동과 중앙아시아를 거쳐 9백 년경 중국에 전해졌어. 우리나라에는 고려 원종·충렬왕 때 원나라 앞잡이 노릇을 했던 홍다구가 돈을 벌 목적으로 개경에 들여와 처음 재배를 했지. 하지만 별로 재미를 보지 못했다고 해.

수박은 수분이 90퍼센트에 이를 정도로 물이 많은 박이라고 해서 붙여진 이름이야. 그렇지만 재배가 쉽지 않은 귀한 과일이라서 값이 매우 비쌌지. 고려 말에서 조선 초까지는 수박 한 통이 쌀 반 가마니 값이라서 수박을 '금박'이라 불렀다는구나.

수박이 이처럼 귀한 과일이다 보니 조선 세종 때는 수박을 도둑맞는 일이 궁궐에서 연이어 일어났어. 세종 5년(1423년) 10월, 궁궐 주방을 맡은 내관 한문직이 수박을 훔친 죄로 곤장 100대를 맞고 경상도 영해로 귀양을 갔지. 세종 12년(1430년) 5월에는 궁궐 내섬시의 노비 소근동이 주방에서 수박을 도둑질했다가 붙잡혔지. 소근동은 상한 수박을 훔쳤다고 해서 곤장 80대만 맞았다는구나.

수박은 귀한 과일이었지만 성균관 유생들에게는 여름에 한 번 맛보게 했어. 초복에는 개고기 한 그릇, 중복에는 참외 두 개, 말복에는 수박 한 개를 주었단다.

조선 시대에는
임금들이 수박을 즐겼다면서요?

여름철 별미인 수박은 조선 시대에 임금들이 좋아하는 과일이었어. 여름에 임금이 수라를 마치면 후식으로 과일을 먹었지.

어느 여름날 선조는 수박을 먹고 불같이 화를 냈어. 궁중의 과일과 채소를 맡은 사포서에서 진상한 수박이 익지 않은 것이었거든.

"사포서에서는 도대체 무슨 일을 그렇게 하느냐? 임금에게 익지 않은 수박을 바쳐? 임금이 먹는 음식을 미리 검사하는 사옹원에서는 검사나 제대로 했느냐? 게으른 것들! 임금에게 익은 수박 하나 똑바로 올리지 못해? 잘 익은 수박은 왜놈들이 모두 가져갔느냐? 임금을 모욕하다니 용서할 수 없다! 사포서와 사옹원의 관련자들을 모두 처벌하라!"

『조선왕조실록』에 이 내용을 기록한 사관은 선조가 이렇게 불같이 화를 낸 것에 대해 "임금의 말과 행동을 온 백성이 우러러보는데, '잘 익은 수박은 왜놈들이 모두 가져갔느냐?'고 야단친 것은 임금의 품위에 맞지 않는 말과 행동이다."라고 평했단다.

수박을 좋아한 임금은 또 있었지. 바로 연산군이야. 연산군 8년(1502년), 명나라로 가는 사신에게 수박을 사 오라는 명령을 내렸지.
그런데 그때 장령 김천령이 왕에게 아뢰었단다.
"중국 수박을 사서 먼 길을 오면 상하게 될 것이니 부당합니다."
김천령은 어떻게 되었을까?
그는 임금이 먹고 싶은 수박을 먹지 못하게 막았다고 사형에 처해졌단다.

20

황해도 봉산 갈대밭이
큰 도적 임꺽정을 낳았다?

조선 중기 때 황해도 지방은 백성들이 살아가기 힘들었어. 다른 지역보다 세금이 열 배나 많았거든. 황해도에서 바다에 가까운 봉

외상은 사절이야.

산·황주·안악·재령 등지는 갯벌 지대라서 염분이 많아 농사짓기에 적당하지 않았어. 그저 갈대만이 무성했지.

먹고살 길이 없는 백성들은 갈대밭에서 갈대를 채취하여 고리짝·광주리·삿갓·빗자루 등 수제품을 만들어 생계를 꾸려 갔어. 경기도 양주의 백정 출신인 임꺽정도 봉산 지역에 살면서 갈대로 물건을 만들어 생활했지.

그런데 어느 날 놀라운 소식이 전해졌어. 나라 땅이었던 갈대밭이 권력을 가진 양반의 소유가 되어 갈대를 돈을 주고 사야 한다는 거야.

어떻게 하루아침에 이런 일이 벌어졌을까? 그 까닭을 알려면 16세기에 활발하게 이루어졌던 간척지 개발 사업을 알아야 해.

조선 왕조는 인구가 늘어나고 농업 기술이 발달하면서 많은 농지를 얻기 위해 14세기 말부터 간척지 개발 사업을 했어. 처음엔 경기도에서 시작하여 15세기에는 경상도·전라도·충청도, 16세기 중반에는 평안도·황해도까지 사업지를 넓혔지.

간척지 개발에 성공하면 그 땅을 넘겨받을 수 있기에 권력을 가진 양반들은 너도나도 간척지 사업에 나섰단다. 그러다 보니 황해도 봉산·황주·안악·재령 등의 갈대밭도 황무지라는 구실 하에 권력을 가진 양반들의 땅이 되어 버렸지.

갈대를 공짜로 가져다 쓰다가 돈을 주고 사야 했으니 백성들은 얼마나 화가 나고 분노가 치밀었겠니?

"갈대를 돈 주고 사서 수제품을 만들면 이를 팔아 얼마나 남겠어?"

"남는 게 없으니 굶어 죽게 생겼어."

명종 8년(1553년), 도저히 참을 수 없었던 백성들은 자신들의 억울한 사정을 적어 조정에 상소문을 올렸어. 그러나 그들의 형편은 나아지지 않았지.

명종 11년(1556년)에는 봉산의 갈대밭이 왕실 재정을 맡은 내수사의 소유가 되었어. 백성들은 수제품을 만들기 위해 갈대를 사서 왕실의 배만 불려 주게 되었지.

"흉년과 기근이 닥쳐 생계를 꾸려 가기 어려운데, 권력을 가진 양반들과 내수사는 백성들의 고혈을 짜내고 있다. 게다가 탐관오리들은 세금을 가혹하게 거두어들이고 무리하게 재물을 빼앗으니 백성들은 어떻게 살란 말인가?"

임꺽정은 다른 생계 수단을 찾을 수 없다며, 자신과 뜻을 같이하는 사람들과 함께 도적이 되었어. 황해도·경기도 지방을 주름잡으며 관아를 습격하고 탐관오리들을 죽였어.

결국 황해도 봉산 갈대밭이 큰 도적 임꺽정을 낳은 셈이었지.

조선 시대에 매화꽃을
그려 놓고 사라지는
'일지매'라는 의적이 있었다면서요?

숙종 42년(1716년) 『승정원일기』에 형조 판서 민진후가 숙종에게 "일지매라는 도둑을 감옥에서 풀어 주십시오."라고 아뢰는 내용이 나온단다.
이를 보면 조선 시대에 '일지매'라는 도둑이 실제로 있었음을 알 수 있지.
조수삼의 『추재기이』에는 일지매를 이렇게 소개해 놓았어.

> 일지매는 의협심이 많은 도둑이다. 탐관오리들의 부정한 재물을 털어 생계를 꾸리지 못하거나 장례를 치르지 못하는 사람들에게 나누어 준다.
> 그는 처마와 처마 사이를 날고 벽을 타기도 하는데, 날래기가 귀신 같다. 그래서 도둑맞은 집에서는 어떤 도적인지 모를 테지만, 그는 도적질할 때마다 제 손으로 붉은 종이에 매화 가지 하나를 그려 놓는다. 그렇게 함으로써 다른 사람에게 혐의를 옮기지 않으려는 뜻인 것 같다.

홍길주의 『수여방필』에는 일지매가 효종 때의 훈련대장 이완과 맞선 큰 도둑이라느니, 숙종 때의 훈련대장 장붕익과 맞선 큰 도둑이라느니 하는 이야기가 사람들 사이에 널리 퍼져 있다고 적어 놓았어.

하지만 중국 소설에 일지매와 비슷한 이야기가 여러 편 전해 오고 있기 때문에 일지매는 실존 인물이 아니라 우리나라에 전래된 이야기의 주인공이라는 견해가 설득력을 얻고 있단다.

중국에서는 명나라 때 나룡이란 도둑이 재물을 털며 매화 가지 하나를 남겨 놓고 갔다는 이야기가 있어. 이런 이야기를 바탕으로 일지매가 등장하는 『이각박안경기』, 『환희원가』 등의 소설이 중국에서 출간되었지.

우리나라에는 이 소설들이 조선 시대인 임진왜란 이후에 수입되면서 일지매라는 존재가 세상에 알려졌던 거야. 그래서 숙종 때 잡힌 '일지매'라는 도둑은 당시 조선에서 중국 소설이 유행이어서 일지매란 가명을 쓴 것으로 보고 있지.

21

거문고를 만들려고 오동나무를 베었다가 벼슬에서 쫓겨난 관리들

중국 후한 시대에 채옹이란 사람이 있었어. 채옹은 좋은 악기를 만들려고 여러 가지 나무를 구해 써 보았어. 하지만 자신이 원하는 소리를 내는 악기를 만들 수 없었지.

그러던 어느 날 채옹이 집 안에 앉아 있는데, 이웃집에서 밥을 짓느라 나무를 때는 소리가 들리는 거야. 그의 귀에는 그 소리가 아주 맑고 아름답게 들렸지.

가만히 소리를 듣고 있던 채옹은 궁금증을 참지 못하고 이웃집에 가서 주인에게 물었단다.

"지금 무슨 나무로 밥을 짓는 거요?"

"오동나무인데요."

"그 나무를 좀 얻을 수 있겠소?"

"오동나무를요?"

"그렇소. 나에게 꼭 필요한 나무요."

이웃집 주인은 흔쾌히 오동나무 목재를 내주었어.

채옹은 남은 땔감에서 오동나무 목재를 얻어 거문고를 만들었단다. 그랬더니 정말 맑고 아름다운 소리가 나는 거야. 그는 거문고뿐만 아니라 가야금·비파 등 여러 가지 악기를 만들었다고 해.

오동나무는 옛날에 악기 재료로는 최고로 쳐주었어. 오동나무가 다른 나무들보다 소리 전달 능력이 뛰어나거든.

오동나무로 만든 악기는 소리가 맑고 고와서 거문고·가야금·장구 등을 만드는 데 쓰였지. 특히 물가에서 물소리를 들으며 자라난 오동나무로 거문고를 만들면 소리가 더욱 좋다고 해서 너도나도 그런 오동나무를 찾았지.

이순신이 발포 수군 만호 벼슬에 있을 때의 일이야.

발포 수군 진영 객관 앞뜰에 커다란 오동나무 한 그루가 있었는데, 이순신의 직속 상관인 전라 좌수사 성박이 이 나무를 베려고 군졸들을 보낸 거야.

"이게 무슨 짓이냐? 왜 나무를 베려고 하느냐?"

이순신이 말리자 군졸들이 말했어.

"좌수사 영감께서 거문고를 만들겠다고 이 나무를 베어 오라고

하셨습니다."

이순신이 말했지.

"이 오동나무는 관가의 나무다. 나라의 재산이니 절대로 벨 수가 없다. 돌아가거라."

상관의 명령이었지만 너무도 단호한 이순신의 말에 군졸들도 어쩔 수 없었지.

"예, 알겠습니다."

이순신의 반대로 군졸들은 나무를 베지 못하고 빈손으로 돌아갔단다.

『조선왕조실록』에는 거문고를 만들려고 관청이나 향교 등에서 자라는 오동나무를 베었다가 벼슬에서 쫓겨난 관리들에 대한 기록이 나와 있어.

명종 때는 영천 군수 심의검이, 현종 때는 남포 현감 최양필이 거문고를 만들려고 향교의 앞마당에 있는 오동나무를 베었다가 벼슬에서 쫓겨났단다.

오동나무는 그 밖에도 쓸모가 많았어. 목재가 가볍고 재질이 좋아 장롱·경대·책장 등 가구재에 쓰였지. 또 구더기가 득실거리는 재래식 뒷간에 오동나무 잎을 몇 장 넣어 두면 구더기가 없어지고 냄새도 줄어들었어.

그리고 오동나무 줄기와 뿌리, 껍질은 악성 종기·타박상·치질·삔

데 약으로 쓰였고, 오동나무 씨앗으로 짠 기름은 동상·화상·부스럼·가려움증에 효과가 있었어.

옛날에 죄인은 '장형'이라 해서 매를 때렸어. 그런데 죄인도 가려서 목재를 달리하여 때렸다는구나.

죄가 무거운 사람에게는 단단한 박달나무로 장을 치고, 죄가 가벼운 사람에게는 가벼운 오동나무로 장을 쳤어. 오동나무는 가볍기 때문에 덜 아파서 크게 상처를 입지 않았지.

옛날 사람들은 오동나무를 상서로운 나무로 알았어. 오동나무는 가을이 오는 것을 가장 먼저 알기 때문에 가을이 오면 오동잎을 제일 먼저 떨어뜨린다고 생각했지. 오동나무가 예지 능력, 즉 앞날을 내다보는 능력이 있다고 본 거야.

오동나무는 워낙 빨리 자라서 심은 지 10년만 지나도 목재로 쓸 수 있을 정도란다. 그래서 조선 시대에는 딸이 시집을 가게 되면 나무를 베어서 장롱을 만들어 주었지. 집집마다 딸을 가진 사람들은 누구나 오동나무를 한 그루씩 심었다는구나.

오동나무는 전국 어디서나 잘 자라지. 원산지는 밝혀지지 않았는데, 참오동나무의 원산지가 울릉도인 것으로 미루어 오동나무도 그 근처일 것으로 추정하고 있어.

우리나라의 오동나무 종류로는 오동나무·참오동나무 등이 있어. 도시나 마을에서 흔히 볼 수 있는 것은 참오동나무이고, 남쪽 지방과 동해안의 산야에서 볼 수 있는 것이 오동나무야.

　참오동나무와 오동나무는 생김새가 비슷하지만 참오동나무는 꽃잎 안쪽에 자주색 점선이 있는 반면, 오동나무는 꽃잎 안쪽에 점선이 없어 참오동나무와 구분할 수 있단다.

 ## 옛날에 아들을 낳으면 소나무, 딸을 낳으면 오동나무를 심었다면서요?

오랜 옛날 우리나라에는 아기가 태어나면 그 아기 몫으로 나무를 심는 '내 나무' 풍습이 있었어. 아기 엄마가 진통을 겪다가 아기를 낳으면, 방 밖에서 초조하게 기다리던 아버지는 아기를 받은 산파에게 물었어.

"소나무입니까, 오동나무입니까?"

소나무라고 하면 아들, 오동나무라고 하면 딸을 뜻하지. 아들이 태어나면 그 아들 몫으로 선산에 소나무를 심고, 딸이 태어나면 그 딸 몫으로 텃밭 두렁에 오동나무를 심었거든. 이 나무가 바로 '내 나무'야.

'내 나무'는 그 아이와 운명을 함께했어. 아이가 아프면 어머니는 '내 나무' 앞에 정화수를 떠 놓거나 시루떡을 가져다 놓고 병이 낫기를 밤새도록 빌었어.

만약에 점쟁이에게 아이가 일찍 죽는다는 말을 들으면, '내 나무'에 타래실을 감아 놓고 아이의 장수를 간절히 빌었어. 타래실은 '목숨'을 상징하기 때문이었지. 아들이 자라서 과거 시험을 보러 떠나면 '내 나무'에 관띠를 두르고 장원 급제를 기원하는 백일기도를 올렸어.

'내 나무'는 딸이 시집을 가게 되면 베어서 장롱을 만들었어. 그리고 딸이 시집 갈 무렵에 '내 나무'에 표주박 덩굴을 올려, 표주박으로 술잔을 만들어 혼례식 때 신랑 신부가 입을 대는 술잔으로 사용했단다.

'내 나무'는 아들이 늙어 죽으면 베어서 관을 짜서 함께 묻었어. 그리하여 '내 나무'는 그 사람과 운명을 함께하는 동반자가 되었지.

'내 나무' 풍습은 우리나라뿐 아니라 다른 나라에도 있었어. 아프리카의 마우리족은 아기가 태어나면 탯줄을 묻은 곳에 나무를 심었어. 그리고 그 나무를 정성스레 가꾸었는데, 나무가 잘 자라면 아이도 잘 자라고, 나무가 병들어 가면 아이도 병들어 죽는다고 생각했지.

인도네시아 보르네오의 다이아크족은 아이가 태어나면 그 아이 몫으로 과일나무를 심었어. 그러고는 나무가 건강하면 아이도 건강하고, 나무가 시들면 아이에게 불행이 닥친다고 여겼지.

22

선비들은
왜 매화를 사랑했을까?

　매화는 매화·난초·국화·대나무의 사군자 속에서 으뜸 자리를 차지하고 있지. 겨울이 끝나기도 전에 추위를 이겨 내고 꽃망울을 터뜨려 그 모습이 기품 있는 선비의 고고한 절개를 느끼게 해 선비들의 사랑을 많이 받았어. 선비들은 매화야말로 군자의 풍모를 닮았다고 해서 매화에 남다른 사랑을 쏟았지.

　선비들은 매화가 피는 봄이면 매화를 찾아 여행을 떠났어. 이를 '탐매행(探梅行)'이라고 하지. 어느 곳에 희귀한 매화가 있다는 소문을 들으면 먼 길을 마다 않고 집을 떠났단다. 종자가 고삐를 쥔 말을 타고 가거나 기생을 데리고 가기도 했지. 선비는 매화 향기에 젖어 시를 짓고 술을 마시며 풍류를 즐겼어.

　수령 150년을 넘긴 매화를 '고매'라고 하는데, 매화는 천년 고찰이나 고택, 지방 관아에 서 있는 고매에게서 제대로 된 정취를 느껴 볼 수 있다는구나.

선비들은 매화가 피면 좋은 벗을 불러 함께 감상하며 술을 마셨지. 매화 아래서 술잔을 나누며 시로 화답했어.

퇴계 이황은 매화를 무척 사랑하여 매화에 대한 시를 많이 썼지. 그 가운데 아흔한 수를 모아 『매화 시첩』을 펴냈단다.

이황은 매화를 매우 사랑하여 '매형(梅兄)'이라고 불렀어. 어느 날 이질로 설사를 하자 불결함을 보여 매형에게 미안하다며 매화 화분을 다른 곳으로 옮기게 했지.

이황은 화단에 매화나무를 백 그루나 심어 놓고 매화가 필 때는 시간 가는 줄 모르고 매화를 감상했어. 제대로 보기 위해 의자도 만들었단다. 매화 무늬를 새긴 도자기 의자인데 그 안에 불을 피울 수 있게 했어. 날이 추우면 따뜻한 의자에 앉아 매화를 감상하려고 말이야.

이황은 세상을 떠나는 날까지 매화에 대한 사랑을 보였어. 그날 아침 시중을 드는 사람에게 "매화 화분에 물을 주어라."고 일렀거든.

우리나라를 대표하는 화가인 김홍도도 매화를 끔찍이도 사랑했던 사람이야. 그는 끼니를 걱정할 만큼 생계가 어려웠지.

하루는 누군가 매화나무를 팔려고 그를 찾아왔어. 하지만 김홍도는 돈이 없어 살 수가 없었지.

그런데 그 직후 김홍도는 어떤 부자에게 그림을 3천 냥에 팔게 되었단다. 그는 신바람이 나서 매화나무를 2천 냥에 샀어. 그리고 200냥으로 양식을 사고, 나머지 800냥으로 술을 사서 친구들을 불러 매화나무 아래서 잔치를 벌였단다.

 ## '두향'이라는 관기가 이황에게 매화나무 한 그루를 선물했다면서요?

퇴계 이황은 마흔여덟 살에 충청도 단양 군수로 부임했어. 그 고을에는 관청에 속한 관기들이 있었지. 그런데 그들 중에 '두향'이란 관기가 얼굴도 예쁘고 시·서·화에 능했어. 두향은 이황의 인품과 학문에 반하여 그의 마음을 얻으려고 여러 가지 선물을 보냈어. 그러나 이황은 이를 모두 물리치고 두향에게 마음을 열지 않았지.

두향은 쉽게 포기하지 않았어. 이황이 무엇을 좋아하는지 수소문하여 그가 매화를 좋아한다는 사실을 알아냈지. 두향은 사람들이 탐낼 만한 비싼 매화나무 한 그루를 구해 이황에게 선물했단다. 이황은 매화나무에 반하여 그 나무를 동헌 앞에 심었지. 그는 풍기 군수로 옮겨 갈 때도 매화나무를 가져가 그곳에 심었어. 그 뒤 두 사람은 두 번 다시 만나지 못했어. 두향은 이황이 단양 고을을 떠난 이후 그를 그리워하며 지내다가 세상을 떠났어. 전해지는 이야기에 따르면, 두향은 이황이 죽었다는 소식을 듣자 스스로 목숨을 끊었다고 해.

두향이 선물한 매화나무는 이황이 말년을 보낸 도산 서원에 옮겨졌는데, 해마다 꽃을 피우다가 오래전에 고사했단다.

23

옛날에는
누구나 짚신을 삼았다?

선조 3년(1570년), 경상도 지역에 대기근이 들었어. 사람들은 먹을 것이 없어 집을 떠나 여기저기 떠돌아다녔지.

『토정비결』로 유명한 토정 이지함은 밥을 빌어먹으며 유랑하는 백성들을 보니 가슴이 아팠어. 그래서 그는 큰 집을 지어 그들을 불러들인 뒤 먹고살 길을 마련해 주었어. 사람들의 소질을 보아 가며 그에 맞는 일거리를 찾아 준 거야.

변변한 재주가 없는 사람들에게는 볏짚을 주어 짚신을 삼으라 했어. 당시에는 남녀노소 누구나 집에서 짚신을 삼아 신었거든.

이지함은 사람들이 일하는 모습을 곁에서 지켜보았어. 날마다 꾸준히 일을 시키니 하루에 짚신을 열 켤레쯤 만들었지. 이지함은 그 짚신을 시장에 내다 팔아 생계를 이어 가게 했단다.

우리 민족이 신었던 신에 대해 알아보면, '신' 또는 '신발'이라는 말은 신라의 옛말인 '선(洗)'에서 나왔다고 해.

　상고 시대에 우리나라 고유의 신발은 화(靴)와 이(履)로 나뉘어져 있었어. '화'는 목이 긴 신으로, 습기를 막고 추위를 피하기에 적당해 북방 민족이 신었어. '이'는 목이 짧은 신으로 남방 민족이 신었어. 통일 신라 시대·고려 시대에는 이 두 종류의 신을 함께 신었는데, 조선 시대에는 짚신·갖신 등 주로 '이'를 신었지.

　신을 만드는 재료에 따라 짚으로 삼은 짚신, 삼(麻)으로 삼은 미투리, 나무로 만든 나막신, 가죽으로 만든 갖신 등이 있어.

짚신은 짚을 엮어서 만든 우리 고유의 신이야. '초리(草履)'·'초혜(草鞋)'라고도 하는데, 중국 송나라의 문헌인 『문헌통고』에서 "마한은 신발로 초리를 신는다."고 기록되어 있는 것으로 미루어 이미 삼국 시대부터 신어 온 신발임을 알 수 있어. 짚은 농사짓던 옛날에는 쉽게 구할 수 있는 재료였기에 누구나 짚신을 삼았고, 서민층에서는 남녀 모두 신었어.

서긍의 『고려도경』에는 남녀노소 가리지 않고 가장 많이 신은 신이 짚신이라고 기록되어 있어.

조선 시대에 와서도 누구나 짚신을 즐겨 신었지. 조선 시대 사람들은 대개 짚신을 손수 삼아 신었는데, 조선 말기에 이르러 큰 도시에 사는 사람들은 짚신을 사서 신었어. 한양에는 곳곳에 짚신 가게가 생겼는데 인기 있는 짚신이 따로 있었어. 그것은 전옥서 죄수들이 삼은 짚신이었지. 죄수들이 시간이 많아 꼼꼼하게 삼다 보니 질기고 튼튼했던 거야.

짚신은 사람만 신지 않고 소에게도 신겼어. 옛날에는 소에게 무거운 짐을 주고 먼 길을 가야 했기에 소의 고통은 여간 크지 않았지. 주인은 소의 고통을 덜어 준다며 소에게도 짚신을 신겨 준 거야. 그 신을 '쇠신'이라 하는데, 주인은 길을 가다가 쉴 때면 쇠신을 삼아서 닳아진 신을 갈아 주었단다.

미투리는 짚신과 비슷한데 삼으로 촘촘히 엮어서 만든 신이야.

미투리가 짚신 열 켤레 값에 맞먹는다고 하여, 고급스럽고 질긴 신발로 여겼어. 양반층과 상인들이 널리 신었지.

나막신은 나무를 파서 만든 신이야. 처음에는 '목혜(木鞋)'·'목극(木屐)'·'각색(脚濇)' 등으로 불리다가 조선 말기에 '나막신'으로 불리게 되었어. 이는 '나무신'이 잘못 전해진 것이라고 해. 앞뒤에 높은 굽이 있어 비가 온 진 땅에서 신었어. 나막신은 신분이나 남녀노소 구별 없이 널리 신었는데, 굽이 높고 무거워 먼 길을 갈 때는 신지 않았어.

갖신은 가죽으로 만든 신인데 태사혜·당혜·운혜 등이 있어. 태사혜는 앞코와 뒤축에 '태사'라는 흰줄무늬를 새긴 사대부 남자들의 신이야. 그리고 당혜는 앞코에 여러 가지 덩굴풀이 뻗어 있는 무늬인 당초무늬를 새긴 신이고, 운혜는 앞코와 뒤축에 구름무늬를 넣은 신이야. 당혜와 운혜는 양반층 부녀자들이 주로 신었단다.

옛날에는 짚으로
어떤 물건을 만들었나요?

짚이란, 벼·보리·밀·호밀·귀리 등의 이삭을 떨어낸 마른 줄기를 말해. 그런데 짚이라고 하면 대개 볏짚을 뜻한단다. 보릿짚·밀짚 등은 꼬거나 비비면 잘 부서지기 때문에 각종 생활용품의 재료로 쓸 수 없어 그저 땔감으로만 쓰였거든. 그에 비해 볏짚은 부드럽고 질겨 초가지붕을 얹거나 생활에 필요한 온갖 물건을 만드는 데 널리 사용되었지.

짚으로 물건을 만들려면 먼저 새끼를 많이 꼬아 놓았어. 새끼는 짚 두 가닥을 손바닥에 올려놓고 양손으로 비벼서 꼬는 것이야.

오른쪽으로 꼬면 '새끼'라고 했고, 오른 손바닥을 가슴 쪽으로 끌어당기며 꼬는 것은 '왼새끼'라고 했어.

새끼는 망태기·도롱이·씨오쟁이 등 각종 생활용품을 만드는 데 쓰인 것에 비해, 왼새끼는 아기를 낳으면 대문에 치는 금줄이나 대보름날 줄다리기의 줄을 꼬는 데 쓰였어.

짚으로 엮은 생활용품으로는 마당에 까는 멍석, 곡식을 운반·보관하는 가마니, 물건을 넣어 가지고 다니는 망태기, 곡식을 실어 나르는 삼태기, 짐을 일 때 머리에 받치는 똬리, 달걀을 보관하는 달걀 꾸러미, 씨를 담는 씨오쟁이, 꼴을 베어 담는 꼴망태, 물건을 담는 소쿠리 등 많은 것들이 있어.

그리고 몸에 걸치는 것으로는 허리나 어깨에 두르는 비옷인 도롱이, 머리부터 뒤집어쓰는 비옷인 접사리, 신고 다니는 짚신, 머리에 쓰는 밀짚모자 등이 있지. 농촌에서는 짚으로 둥글고 울이 깊게 결어 만든 둥구미와 멱둥구미 등 여러 가지 그릇을 만들었어. 또한 짚을 재료 삼아 거적, 자리, 둥글게 짠 도래방석, 둥글고 두툼한 두트레방석 등 깔개류도 만들었지.

짚은 가축을 기를 때도 요긴하게 사용되었어. 잘게 썰어 소의 여물로 주었으며 짚으로 만든 어리나 돼지우리에 병아리, 새끼 돼지를 길렀단다.

둥구미

24

황형 장군은 임진왜란이 일어날 줄 알고 미리 소나무를 심었다?

황형은 조선 중종 때의 이름난 장수야. 중종 5년(1510년)에 삼포왜란이 일어나자 경상 좌도 방어사가 되어 왜적을 크게 물리쳤어. 또한 중종 7년(1512년)에 평안도 변방에서 야인이 반란을 일으키자 함경도 순변사로 나가 이를 진압했지.

중종 12년(1517년), 공조 판서를 지낸 황형은 강화도로 내려가 고려 시대에 지어진 정자인 연미정 근처에 집을 짓고 살았어. 그는 비록 시골집에 와 있었지만, 평안한 노후를 보내지 못했어. 연미정에 오르면 바다가 내려다보였는데 황형은 그곳에서 바다를 바라보며 자나 깨나 나라의 앞날을 걱정했지.

그러던 어느 날 황형은 콩을 볶아 들고 마을로 가서 아이들을 불러 모았어.

"애들아, 콩 먹을래?"

황형은 아이들에게 콩을 나누어 주었어. 아이들은 콩을 맛있게 먹었지.

황형이 아이들에게 말했어.

"너희들, 또 콩을 먹고 싶지? 내가 시키는 대로 하면 날마다 콩을 배불리 먹게 해 주마."

황형의 말에 아이들은 귀가 솔깃해졌어.

"그게 무슨 일인데요?"

"응, 소나무 묘목을 바닷가에 심는 일이야."

"좋아요. 그 일을 맡아 할게요."

아이들은 콩을 계속 먹고 싶은 욕심에 황형의 제의를 선뜻 받아들였단다.

다음 날부터 황형은 아이들을 데리고 연미정 근처 바닷가로 가서 함께 소나무 묘목을 심었어. 물론 아이들에게 볶은 콩을 나누어 먹였지.

하루, 이틀, 사흘…… 계속해서 나무 심는 일을 하자 아이들은 싫증을 느끼기 시작했어. 몇몇 아이는 그냥 집으로 돌아갔지. 그러자 황형은 아이들에게 말했어.

"너희들, 바닷가에서 전쟁놀이를 할래? 편을 갈라 싸우는 거야. 조선군과 여진족의 싸움이다."

"와아, 재밌겠다!"

아이들은 편을 갈라 전쟁놀이를 했어. 황형도 늙은 몸으로 아이들과 함께 칼싸움을 했어. 그는 아이들을 구슬리며 바닷가에 수천 그루의 나무를 심었단다.

마을 사람들은 그런 모습을 보고 황형에게 물었어.

"대감마님, 연세도 많으신데 무엇 때문에 어린 소나무를 그렇게 많이 심으십니까?"

황형이 대답했어.

"나라를 위해 하는 일이네. 뒷날 이 나라가 환난을 당할 때 이 소나무가 귀하게 쓰일 것일세."

황형은 소나무 심는 일을 계속했어. 중종 15년(1520년), 그가 세

상을 떠났을 때는 강화도 연미정 근처 바닷가에 수십 리에 이르는 솔밭이 생겨났지.

그가 죽은 지 72년이 지난 뒤(1592년)에 임진왜란이 일어났어. 일본군은 물밀듯이 쳐들어와 20일 만에 한양을 점령했지.

그때 의병장 김천일은 한양을 되찾을 준비를 하려고 강화로 들어와 진을 쳤어.

바다에 띄울 배와 무기를 만들려면 많은 목재가 필요했지. 하지만 전쟁 중이라서 나무를 구할 수가 없었단다.

어느 날 한 노인이 김천일을 찾아와서 말했어.

"장군님이 나무를 찾으신다고요? 연미정 근처에 가면 황형 장군님이 심어 가꾼 소나무 숲이 있습니다."

"그게 정말이요? 황형 장군님이 전쟁이 날 줄을 미리 알고 소나무를 심어 두셨구먼."

김천일은 연미정 근처 바닷가 소나무 숲에 가서 소나무를 베어 온 후 배와 무기를 만들었어.

황형이 심은 어린 소나무는 아름드리 소나무로 자라나 필요한 만큼 베어 쓰고도 남을 정도였지. 사람들은 이 이야기를 듣고 황형의 선견지명에 탄복을 했단다.

나무를 심는 날인 식목일은 언제 생겨났어요?

식목일은 산림녹화를 위해 해마다 나무를 심도록 국가에서 정한 날이야. 매년 4월 5일이 식목일이지. 이날은 전국의 관공서·학교·마을·군부대·기업 등에서 나무 심기 행사를 실시했단다.

세계 최초의 식목 행사는 미국 네브래스카주에서 이루어졌어. 신문 편집인인 스털링 모턴이 헐벗은 산을 보고 안타깝게 여겨 나무 심기 운동을 시작했지. 이에 많은 사람들이 호응하여 식목 행사가 계속되었고, 네브래스카주는 스털링 모턴의 생일인 3월 22일을 식목일로 정했어. 그 후 식목 행사는 세계 여러 나라로 퍼져 나갔단다.

우리나라에서는 일제 강점기인 1911년에 조선 총독부가 4월 3일을 식목일로 지정했어. 그 뒤 해방 후인 1949년 이승만 정부 때 대통령령으로 4월 5일을 식목일로 제정했지. 이날은 신라가 당나라 세력을 한반도에서 몰아내어 삼국 통일을 이룬 날이야. 그리고 조선 성종이 동대문 밖 선농단에서 밭을 일군 날이지. 또한 전통적인 명절인 청명·한식과 겹쳐 나무 심기 좋은 때라고 하여 식목일로 정해졌어.

식목일을 전후하여 한 달 가량을 국민 식수 기간으로 정하여 전국에서 많은 사람들이 나무를 심어 푸른 산 만들기에 힘쓰고 있단다.

25

임진왜란이
후추 때문에 일어났다?

조선 제14대 선조 때의 명신인 유성룡은 임진왜란이 일어나자 영의정으로서 나라를 잘 이끌고 민심을 수습했어.

그는 임진왜란 같은 전쟁은 다시는 일어나지 말아야 한다며, 자신이 겪은 전쟁 이야기를 써서 책으로 남겼지. 그 책이 바로 『징비록』이야.

『징비록』은 "1586년 일본 사신 다치바나노 야스히로가 도요토미 히데요시의 서신을 가지고 우리 조선을 방문했다."는 글로 시작되는데 앞부분에는 다음과 같은 내용이 실려 있단다.

도요토미 히데요시는 일본 66주를 통일하고 권력을 잡은 뒤 조선에 야스히로를 사신으로 보냈어.

도요토미는 이렇게 말했어.

"일본은 조선에 자주 사신을 보냈는데 조선은 일본에 사신을 보내지 않았다. 그것은 조선이 일본을 업신여기기 때문 아닌가?"

그러면서 통신사 파견을 요구한 거란다.

그러나 도요토미가 야시히로를 조선으로 보낸 진짜 이유는, 조선 침략의 야심을 품고 전쟁을 준비해 왔기에 조선의 사정을 염탐하기 위해서였어.

야스히로는 몸집이 크고 하얀 머리와 수염을 길렀는데, 오만불손한 사람이었어. 무례한 행동도 서슴지 않았지.

야스히로 일행이 서울에 도착하여 예조 판서가 환영 잔치를 베풀었을 때의 일이야.

술에 취한 야스히로가 갑자기 벌떡 일어서더니 후추를 꺼내서 사람들 앞에 마구 뿌려 대는 거야. 그러자 그 자리에 있던 악공, 기생 할 것 없이 너도나도 달려들어 후추를 주워 담기 시작했지. 결국 잔치 자리는 아수라장이 되고 말았단다.

야스히로는 그 모습을 잠자코 바라보다가 숙소로 돌아와서는 이렇게 말했대.

"후추를 뿌렸더니 달려드는 모습이라니. 규율이 엉망이니 조선이 망할 날이 멀지 않았구나."

야스히로는 곧 일본으로 돌아가 이런 사실을 도요토미에게 그대로 보고했고, 도요토미는 마침내 군사를 일으켜 조선을 침략하게 되었다는 거야.

『징비록』의 내용대로라면 후추가 어떤 역할을 했는지 알겠지? 그래, 전쟁을 일으키려는 도요토미에게 자신감을 심어 주어 임진왜란을 일으키게 한 거야.

당시에 후추는 상류층에서만 쓰이는 고급 향신료였어. 일반 백성들은 접하기가 어려웠지. 얼마나 귀했던지 '후추는 작아도 임금님에게만 올려진다', '후추 쓰듯 정을 아껴 주라' 등의 속담까지 생겨났단다.

우리나라에 후추가 처음 들어온 때는 정확히 알려져 있지 않아. 『고려사』에 공양왕 1년(1389년) "유구국에서 사신을 보내 후추 3백 근

을 바쳤다."는 기록이 있고, 신안 앞바다에서 후추 실은 원나라 배를 인양했다는 걸로 미루어 고려 중엽쯤에는 이미 후추를 들여오지 않았나 보는 거지.

우리나라에서도 후추를 재배하려고 했지만 기후가 맞지 않아 실패하고 말았대. 결국 외국에서 수입해 와야 했으니 후추가 매우 귀할 수밖에 없었지.

후추는 한나라 무제 때 장건이 서역의 호나라에 사신으로 가서 비단길을 통해 가져왔다고 하여, 호나라 호(胡) 자를 붙여 '호초(胡椒)'라고 불렸다는구나. 그러다가 우리나라에 건너와서는 '후추'라고 불리게 되었지.

후추는 육식을 주로 하는 서양 사람들에게는 없어서는 안 될 조미료였단다. 음식 맛을 낼 뿐 아니라 고기의 부패를 막아 주었으니까 말이야.

아주 오랜 옛날에는 불로장생약이자 정력제로 알려져, 유럽에서는 금이나 은보다 비싼 값에 거래되었다는구나. 후추는 인도에서 재배되어 아라비아 상인들을 통해 유럽에 전해졌거든.

그 뒤 유럽 사람들은 후추를 직접 구하려고 인도를 찾아 나섰고, 나중에는 이탈리아 탐험가 콜럼버스에 의해 아메리카 대륙을 발견하게 되었지.

옛날 우리 선비들은 여름철에 후추 한 알을 찬물에 타서 마시면 배앓이를 하지 않는다고 했대. 그래서 여행을 떠날 때마다 항상 가지고 다녔다고 해.

그리고 로마에서는 후추가 찬 기운을 몰아내고 몸을 따뜻하게 해 준다고, 병사들이 후춧가루가 담긴 주머니를 허리에 차고 전쟁터를 누볐다는구나.

일본을 통일한 도요토미 히데요시가 반대 세력의 관심을 밖으로 돌리려고 임진왜란을 일으켰다면서요?

임진왜란이 왜 일어났는지는 학자들이 오랫동안 연구해 왔어. 그 결과, 무역 적자 때문에 경제적으로 어려운 일본이 그 문제를 해결하려고 전쟁을 일으켰다느니, 도요토미 히데요시가 자신의 정복 야욕을 채우려고 전쟁을 일으켰다느니 여러 가지 학설이 나왔지.

모두 타당성이 있는 학설인데, 그중에서 가장 유력한 학설은 1582년 일본 천하를 손아귀에 넣은 도요토미가 영주들의 힘을 줄이려고 전쟁을 일으켰다는 거야. 도요토미는 힘 있는 영주들이 반란을 일으키지 않을까 늘 불안해했어. 그래서 그들의 재정을 축내려고 큰 성을 지었다가 부수는 일을 반복했지. 하지만 그보다 더 효과적인 것은 전쟁이기 때문에 도요토미는 영주들의 힘을 줄이려고 임진왜란을 일으켰다는 거야.

그런데 도요토미는 전쟁의 승리를 믿어 의심치 않았나 봐. 자신의 어머니에게 "올해 가을은 명나라의 황궁에서 보낼 수 있을 겁니다."라고 말했다는구나.

그 밖에 학설로는 도요토미가 일본의 역대 무신 정권인 막부의 수장, 쇼군이 되기 위해 전쟁을 일으켰다, 조선과 명나라가 부족한 면포 수출량을 통제하자 일본의 면포값이 뛰어 전쟁을 일으켰다 등이 있단다.

26

임진왜란은 소나무로 만들어진 판옥선·거북선 덕분에 이겼다?

이순신이 이끄는 조선 수군이 없었다면 임진왜란은 어떻게 되었을까? 일본의 승리로 끝났겠지? 하지만 조선 수군이 일본 수군과의 전투에서 연전연승함으로써 조선은 임진왜란을 이길 수 있었단다.

조선 수군이 계속해서 이길 수 있었던 것은 탁월한 이순신 장군의 전술 전략과 함께 판옥선과 거북선이 있었기 때문이야. 조선 수군 하면 흔히 거북선을 떠올리는데 조선 수군의 주력 전선은 거북선이 아니라 판옥선이었어.

판옥선은 명종 10년(1555년)에 만들어졌어. 그 이전까지는 조선 수군의 주력 전선이 맹선이었지. 맹선은 조운선을 겸한 전선이었는데 몸집이 둔하고 느려 쓸모가 없었어. 당시에 침략이 잦은 왜구들과 맞서려면 새로운 전선이 필요했지. 그래서 적선을 무찌르기 위해 개발한 배가 판옥선이야. 이 배는 갑판 위에 집 모양의 누각이 있다고 그런 이름을 얻었단다. 두껍고 튼튼한 판으로 덮어서 포탄이나 화살에도 견딜 수 있게 만들었지. 2층 구조로 되어 있는데 1층은 노를 젓는 격군이 타고 2층은 전투병이 배치되었어. 배 밑바닥이 평평하고 U자형이어서 수심이 얕은 바다에서도 자유자재로 방향을 바꿀 수 있었지.

또한 배 갑판이 높고 선체가 커서 왜적이 기어오르기도 힘들었어. 일본 수군은 전투가 벌어지면 상대방 배에 올라타 육박전을 하는데 판옥선에서는 그런 전투 방식이 아무 소용없었어. 게다가 판옥선은 각종 화포로 무장하여 막강한 화력을 갖추고 있었어. 따라서 1~2문의 화포를 갖춘 왜선들은 상대가 되지 않았지.

거북선은 임진왜란 때 일본 수군을 무찌르는 데 큰 공을 세운 조선 수군의 특수선이야. 그 생김새가 거북을 닮았다고 해서 '거북선'이라 불리었지.

거북선을 완성한 것은 선조 25년(1592년)이었어. 3월 27일에 여수 앞바다에 거북선을 진수했으며, 4월 12일에는 지자포와 현자포를 달아 대포 쏘는 시험을 했어. 임진왜란이 일어나기 불과 하루 전이었단다.

거북선이 일본군과의 해전에 처음으로 등장한 것은 당포 해전이었어. 5월 29일부터 6월 1일까지 사천포 해전에서 일본 전선 열세 척과 일본군 2천 6백여 명을 사살한 조선 수군은 6월 2일 당포에 도착했어.

당포에는 일본 전선 이십여 척이 정박해 있었지. 거북선은 적진을 향해 돌진했어. 대포 구멍인 입으로는 포를 쏘아 올려 적선을 깨뜨려 부수었지. 조선 수군의 승리였어.

이때부터 거북선은 일본 수군에게 공포의 대상이 되었어. 가는 곳마다 적진을 휘젓고 다니며 적선을 격파하여 언제나 승리로 이끌었거든.

이 거북선에 대해 이순신 장군과 함께 임진왜란 해전에 나섰던 조카 이분은 『충무공 행록』에 다음과 같이 기록하고 있어.

거북선의 크기는 판옥선과 거의 같다. 배 위는 판자로 덮었다. 판자 위에는 십자형의 좁은 길이 있어 사람이 지나다닐 수 있게

했다. 그 외에는 칼과 송곳을 꽂아 발 디딜 틈이 없도록 했다. 앞은 용머리를 만들어 그 입을 총구멍으로 이용했고, 꼬리에도 총구멍을 내었다. 좌우에 여섯 개의 총구멍이 있는데, 전체 모양이 거북과 같아서 '거북선'이라 불렀다.

전투가 시작되면 칼과 송곳을 거적으로 덮은 뒤 선봉으로 나섰다. 적군 병사들이 멋모르고 배 위에 올라 덤벼들었다가 칼과 송곳에 찔려 죽었다. 그리고 적

선들이 거북선을 에워싸려 하면 전후좌우에서 포와 총을 쏘았다. 그래서 적선들이 바다를 덮어 공격해 와도 거북선은 자유롭게 움직일 수 있었다. 따라서 크고 작은 해전에서 거북선만 있으면 항상 승리를 거두었다.

임진왜란 때 거북선은 많지 않았어. 통제영 거북선, 순천 거북선, 방답 거북선 등 세 척뿐이었어. 그 밖에 전라 우수영과 경상 우수영에 각각 한 척씩 더 있어 다섯 척이라는 주장도 있어.

거북선이 이처럼 적었던 것은 주력 전투함이 아니라 적군의 전열을 흐트러뜨리는 돌격선 역할을 하는 보조함이었기 때문이야. 거북선이 돌격하면 판옥선이 그 뒤를 따랐으니 전술상 많은 거북선이 필요 없었지.

조선 수군의 주력 전선인 판옥선과 특수선인 거북선은 모두 재질이 단단한 소나무로 만들어졌어. 두께가 12센티미터쯤인 소나무로 선체를 만들어 배가 매우 튼튼했지. 그뿐만 아니라 배의 앞부분과 갑판 좌우에 설치한 방패 등 주요 부위를 참나무·가시나무·녹나무 등 강하고 단단한 나무로 만들었단다.

그에 비해 일본 수군의 주력 전선 안택선은 삼나무로 만들어졌어. 삼나무가 약하고 내구성이 없기에 판옥선과 거북선이 들이받으면 안택선은 맥없이 부서졌지.

판옥선과 거북선은 단단한 소나무로 만들어졌기에 갖가지 대형 화포를 쏘아도 그 반동을 충분히 흡수할 수 있었어.

그러나 일본 수군의 안택선은 삼나무로 만들어졌기에 재질이 약해서 수십 개의 대형 화포를 장착할 수 없었어. 포를 쏠 때의 반동을 견뎌 낼 수 없거든. 그래서 안택선은 겨우 1~2문의 화포를 장착했던 거야.

광화문 광장에 설치된 거북선 조형물

거북선은 물방개를 보고
나대용 군관이 만들었다면서요?

'거북선' 하면 누구나 이순신 장군을 떠올리지? '이순신 장군' 하면 '거북선'을 떠올리고 말이야. 그렇다면 거북선은 이순신 장군이 만들었을까? 아니야, 학자들이 연구한 바에 의하면, 거북선은 이순신 장군의 지시를 받아 부하였던 나대용 군관이 만들었대.

나대용은 전라도 나주에서 태어나 스물여덟 살에 무과에 급제했어. 한때 훈련원 봉사로 일했고, 선조 24년(1591년)에 전라 좌수사 이순신의 부하 군관이 되었지. 그런데 나대용은 임진왜란이 일어나기 일 년 전에 이순신 장군을 찾아가 자신이 8년 동안 연구한 거북선 설계도를 보여 주었다는구나. 이순신 장군은 그 설계도를 보고 크게 기뻐했고, 나대용을 전선감조 군관으로 임명하여 거북선을 만들게 했지.

나대용은 원래 배를 만드는 데 뛰어난 소질이 있었어. 선조 16년(1583년)에 고향에 내려가 8년 동안 배에 대해 연구했는데, 물방개를 보고 거북선을 고안했다는 거야. 나대용의 집안에는 후손들의 입을 통해 전해 내려오는 동요가 있어. 바로 「물방개의 노래」야.

빙글빙글 돌아라
잘도 돈다 물방개야

비바람 거친 파도
걱정일랑 하지 마라

크게 싸울 장수 나와
낙락장송 다듬어서

너 닮은 거북 배
바다 오적 쓸어 낸다

어허둥둥 좋을시고
빙글빙글 돌아라

잘도 돈다 물방개야

나주시에 있는 나대용의 생가는 평범한 초가집이야. 그런데 그 방 벽에는 그가 직접 그린 배의 설계도가 일제 강점기까지 있었다는구나. 하지만 그 뒤 도배를 하여 그 소중한 자료가 훼손되어 버렸지.

27

벼농사·보리농사를 지어 수군을 먹여 살린 이순신

임진왜란 때 조선군은 15만여 명의 일본군에 맞서 싸워야 했어. 조선군 역시 그 정도 병력은 되었지만 늘 양식이 모자라 어려움이 많았지. 특히 조선 수군은 나라에서 군량미를 제대로 지원받지 못했어. 따라서 스스로 군량미를 마련해야 했지. 수군 병사들은 양식이 부족해 배고픔에 시달렸고, 선조 26년(1593년)에는 굶주림과 전염병으로 전체 병사 가운데 10분의 1 이상이 목숨을 잃었단다.

이순신 장군은 군량미 조달 문제로 고민이 많았어.

'병사들은 식량이 모자라 아침저녁 곡식을 두 홉, 서 홉밖에 먹지 못하고 있다. 성인 남자라면 하루 두 끼 열 홉은 먹어야 하는데……. 그러니 병사들이 노를 젓고 활을 당길 기운조차 없는 것이지. 적군과 싸우려면 배불리 먹여야 하는데 양식을 구할 방법이 없을까?'

이순신은 고민 끝에 둔전을 경영하기로 했어. 둔전은 군대에서 군량을 조달하기 위해 마련된 농토야. 병사들이 버려진 땅을 일구고 직접 농사를 지어 식량을 확보하는 것이지. 이순신은 함경도 조산만호 벼슬을 받아 변경에서 근무할 때 녹둔도에서 둔전을 경영한 적이 있었어. 그때의 경험을 되살린 거지.

남해안에는 비어 있는 국가 소유의 섬 목장이나 무인도 등이 있었어. 이순신은 선조 27년(1594년) 봄부터 그 버려진 땅을 일구어 벼농사·보리농사를 짓기 시작했어. 병사들 가운데 전투에 나서지 못하는 늙고 병든 자들을 둔전에 보내 농사를 짓게 한 거야. 남은 빈 땅은 백성들에게 나누어 주어 농사를 짓게 했어. 수확의 절반을 수

군에 바치게 하니 군량미 확보에 도움이 되었지.

이순신은 몸이 아플 때도 둔전에 가서 농사일을 살폈어. 추수 때는 일일이 수확물을 세고 군량미 출납 현황을 장부에 기록했지. 이순신은 둔전 경영을 통해 수군을 먹여 살릴 수 있었어.

그러나 군량미뿐만 아니라 전선·무기·의복 등의 군수 물자를 구할 재원이 필요했어. 그래서 이순신은 바다에 나가 물고기를 잡고 미역과 파래를 땄으며, 질그릇을 만들고 소금을 생산했어. 그리하여 그 모든 생산물을 내다 팔아 몇 달도 안 되어 곡식 수만 섬을 얻었다는구나. 하지만 전쟁이 계속되고 있기에 이순신은 안정적인 소득원을 찾을 필요가 있었어. 그래서 생각해 낸 것이 '해로 통행첩' 제도야.

해로 통행첩은 일종의 선박 운항증으로, 경상·전라·충청도의 바다를 운항하는 모든 배들에게 발급하여 이 통행첩이 있어야 자유로이 다닐 수 있게 했어. 해로 통행첩이 없으면 모두 간첩선으로 인정하여 처벌한다고 했지. 해로 통행첩은 배의 크기에 따라 쌀을 바치고 받게 했어. 큰 배는 쌀 석 섬, 중간 배는 두 섬, 작은 배는 한 섬으로 정했지. 이때 피난민들은 배에 곡식과 재물을 싣고 다녔는데, 바다에서 해적을 만나 곡식과 재물을 약탈당하는 경우가 많았어. 따라서 해로 통행첩만 있으면 안전하게 항해할 수 있으니, 피난민들은 다투어 쌀을 바치고 해로 통행첩을 발급받으려 했어. 그리하여 이 제도를 시작한 지 열흘도 안 되어 쌀 1만여 섬을 거두어들였단다.

일본군은 어떻게 식량을 확보했나요?

일본군은 조선을 침략한 지 20일 만에 한양을 점령했어. 그리고 그 기세를 몰아서 개성·평양 등을 손아귀에 넣었고, 전라도 지방을 제외한 한반도 전 지역을 휩쓸었지.

하지만 너무도 빠른 속도로 진군했기에 군량미를 운반하는 보급선이 길어진 것이 문제였어. 의병들의 습격을 받아 번번이 보급선이 끊어졌거든.

식량 조달이 어려워지자 굶주린 일본군 병사들은 현지에서 약탈하여 군량미를 얻었어. 일본군이 평양을 점령했을 때 고니시 유키나가는 창고에 많은 곡식이 남아 있는 것을 보고 매우 기뻐했다고 해.

정유재란 때 일본군의 식량 사정은 매우 심각했어. 울산 왜성 안에 있던 가토 기요마사 군대는 군량미가 떨어지자 종이를 씹어 먹고 벽의 마른 흙을 삶아 먹었어. 이들 가운데는 밤마다 성을 빠져 나가 명나라군이나 조선군 전사자의 몸을 뒤져 볶은 쌀과 육포를 찾아내어 겨우 목숨을 잇는 사람들도 있었다고 해.

28

칡넝쿨로 임진강에 다리를 만들어 명나라 대군을 건너게 한 유성룡

 선조 때의 명신 유성룡은 임진왜란이 일어나자 병조 판서와 도체찰사에 임명되었어. 이로써 그는 일본군에 맞서 전쟁을 총지휘하게 되었지. 이어 영의정이 되어 왕의 피난길에 따라갔다가 평양에서 반대파의 탄핵을 받고 면직되었단다.

 그 뒤 유성룡은 평안도 도체찰사에 임명되어 선조 26년(1593년) 1월, 조명 연합군으로 일본군과 싸워 평양성을 탈환했어.

 이때 일본군은 한양을 점령하고 있었지. 그들은 평양성을 빼앗긴 것에 깜짝 놀라 한양을 지키는 일에 온 힘을 쏟았어. 각지에 있던 일본군 병사들이 한양으로 모여들었는데 그 수가 모두 5만 명이나 되었어.

 유성룡은 이 소식을 듣고 생각했지.

'무슨 수를 쓰든지 한양을 탈환해야 한다. 그래야 이 전쟁에서 승리할 수 있다.'

평양성을 탈환한 뒤 명나라 장수 이여송은 그 기세를 몰아 파주로 진군했지. 그리고 벽제에서 일본군과 맞붙었는데 무참하게 패하고 말았어. 그 뒤로 겁을 집어먹은 이여송은 도무지 군사를 움직이려 하지 않았단다.

유성룡은 이여송을 재촉했어.

"어서 진군합시다. 한양에 일본군이 총집결한다는데 일본군을 몰아내고 한양을 되찾아야 하지 않겠습니까?"

이여송이 대답했지.

"나도 그러고 싶지만 임진강 얼음이 막 풀려 강을 건널 수가 없어요. 그렇다고 군사들을 건너게 할 다리나 배가 있는 것도 아니고……."

이여송은 임진강 핑계를 대며 명나라 군대를 움직이려 하지 않았어. 그냥 허송세월만 보내고 있었지.

'이렇게 시간만 보낼 수 없는데…… 큰일이군.'

유성룡은 매우 난감했어. 명나라 군대의 도움이 있어야 한양을 되찾을 수 있다고 생각했기 때문이지.

'안 되겠다. 명나라 군대를 움직이게 하려면 다른 방법을 찾아야겠어.'

유성룡은 임진강을 건널 방법을 궁리하다가 좋은 생각이 떠올랐단다.

'그래, 적교를 만들자! 적교로 임진강을 건너는 거야.'

적교는 성이나 참호 위에 설치하는 다리로, 밧줄이나 쇠사슬로 매어 내리게 만들었어. 유성룡이 쓴 『징비록』에 나온단다. 유성룡은 적교를 만들면 명나라 군대가 임진강을 건널 수 있을 것이라 생각했지. 하지만 무엇으로 다리를 만들지가 문제였어.

칡은 콩과의 낙엽 활엽 덩굴성 식물이야. 가지나 덩굴, 뿌리 따위가 길게 자라 뻗으면서 주변을 감기도 하고 땅바닥에 퍼지기도 하며 칡넝쿨을 만들지.

'쇠사슬 대신 칡넝쿨을 써서 다리를 만들자.'

유성룡은 튼튼한 칡넝쿨을 이용해 다리를 만들어야겠다고 결심했어.

'그리 한다면 분명 명나라 군대가 임진강을 건너 한양으로 진군할 수 있을 거야.'

이렇게 생각한 유성룡은 금교역에 도착하여 명나라 대군에게 음식 대접을 하러 온 황해도 고을 수령들 중에 우봉 현령 이희원을 불러 말했어.

"내일 아침까지 고을 백성 수백 명을 동원하여 칡넝쿨을 잔뜩 준비해 임진강 상류로 오너라."

다음 날 아침 유성룡은 임진강가로 나갔어. 강의 얼음은 그대로 있었지만 날이 포근하여 얼음이 푹 꺼져 있었지. 빨리 다리를 만들 준비를 시작했단다.

유성룡은 강가로 모여든 우봉 고을 백성들에게 명령했어.

"가져온 칡넝쿨을 쌓아 놓아라. 지금부터 칡넝쿨을 꼬아 큰 동아줄을 만들어라."

우봉 고을 백성들은 시키는 대로 큰 동아줄을 만들기 시작했어. 동아줄은 강 너비를 지나갈 만큼 길었지. 모두 열다섯 다발이 만들어졌어.

유성룡은 강 양쪽 언덕에 땅을 파고 두 기둥을 세우게 했어. 그런 다음 큰 동아줄을 길게 펴서 강을 지나가게 하고 양쪽 끝을 기둥에 묶도록 했지. 하지만 강 너비가 너무 길어 동아줄은 중간이 늘어져 물에 잠겨 버렸단다.

이때 유성룡은 기지를 발휘했어. 곧바로 병사 천여 명에게 짧은 막대기를 하나씩 가져오게 하여 막대기로 긴 동아줄을 걸쳐 세우게 했지. 그러자 놀랍게도 임진강에는 칡넝쿨로 만든 긴 다리가 놓였단다. 또한 다리 위에 싸리나무·버드나무를 걸치고 흙을 덮게 했어. 그리하여 마침내 다리가 완성되었지.

명나라 대군은 새로 놓인 다리를 보고 깜짝 놀랐어. 그러고는 기뻐하면서 말을 달려 다리 위를 지나갔어.

화포·병기를 실은 마차가 다리를 건넜고, 많은 사람들이 그 뒤를 따랐지. 나중에는 무게를 못 견뎌 다리의 동아줄이 늘어져 물에 닿았단다. 할 수 없이 나머지 병사들은 얕은 여울을 따라 강을 건너가야 했지.

유성룡이 만든 칡넝쿨 다리 덕분에 임진강을 건널 수 있었던 병사들은 남쪽으로 진격했고, 일본군에게 빼앗겼던 한양을 되찾을 수 있었단다.

유성룡은 이 공로로 다시 영의정에 임명되었지.

 ## 임진왜란에 관한 생생한 기록을 남긴 유성룡의 『징비록』은 어떤 책이에요?

『징비록』은 조선 선조 때 영의정을 지낸 유성룡이 지은 임진왜란에 관한 기록이야. 선조 25년(1592년)부터 선조 31년(1598년)까지 7년간의 기록으로, 임진왜란의 원인·실상·전쟁 이후의 상황까지 생생하게 담겨 있어.

임진왜란 때 유성룡은 영의정 겸 4도 도체찰사로서 군사를 총지휘했어. 전쟁 중에 일어나는 모든 일은 그를 거쳐 임금에게 보고되기 때문에 유성룡은 임진왜란에 대해서는 누구보다 많이 알고 많은 자료를 갖고 있었어. 당시에 이미 『징비록』을 쓰겠다는 계획이 있어, 유성룡은 관청의 다양한 공문서를 미리 베껴 놓았다고 해. 그 자료집이 바로 보물 제160호 『군문등록』인데, 이러한 준비 과정이 있었기에 유성룡은 정확한 자료를 바탕으로 임진왜란에 일어난 모든 일을 그대로 기록할 수 있었어.

유성룡은 임진왜란이 끝난 뒤 벼슬에서 물러나 고향인 경상도 안동의 하회 마을 옥연정사 원락재에 머물며 『징비록』을 집필했어.

『징비록』은 인조 11년(1633년), 그의 아들 유진에 의해 처음 간행되었어. 유진이 유성룡의 문집인 『서애집』을 펴내면서 그 안에 실렸지.

그 뒤 경상도 관찰사였던 그의 외손자 조수익이 인조 25년(1647년)에 16권으로 된 『징비록』을 간행했어.

이 책은 숙종 21년(1695년), 일본 교토 야마토야에서 간행되기도 했어. 이 사실이 조선 통신사들을 통해 알려지자 조선 조정은 발칵 뒤집혔어. '적을 정탐한 것을 적에게 고한 것'이라 하여 『징비록』의 일본 수출을 금했어.

『징비록』이란 책 이름은 『시경』에 '지난 일을 경계해 뒷날의 환난을 대비한다.'는 구절에서 따온 것이야.

이 책은 1~2권이 「징비록」, 3~5권이 「근포집」, 6~14권이 「진사록」, 15~16권이 「군문등록」·「난후잡록」으로 구성되어 있어. 임진왜란의 원인·실상·전쟁 이후의 상황 등 임진왜란에 대한 모든 정보가 담겨 있어 임진왜란의 중요한 사료와 연구 자료가 되고 있지. 저자 자신의 필사 원본인 『초본 징비록』은 국보 제132호로 지정되어 있어.

29

임진왜란 때 조선의 식물들도 포로로 잡혀갔다?

임진왜란은 일본이 조선을 약탈한 '약탈 전쟁'이었어. 조선을 침략한 일본군은 도요토미 히데요시의 명령에 따라 많은 사람들을 죽이고 귀중한 조선의 문물을 약탈해 갔지.

일본군 안에는 전투 부대 말고도 약탈을 맡은 여섯 개의 특수 부대가 있었어. '도서부'는 조선의 서적을 약탈하는 부대야. 부대 안에 서적의 가치를 알아보는 학승들을 두어 『격몽요결』, 『금오신화』 등 귀중본을 빼앗아 갔지. '공예부'는 자기류 등의 여러 공예품을 약탈하는 부대야. 고려청자 등의 문화재를 강탈하고 도공, 목공 등의 장인들을 사로잡아 일본으로 끌고 갔지. '포로부'는 젊은 남녀 조선인들을 납치하는 부대야. 많은 사람들이 일본으로 끌려갔으며, 포르투갈 상인에게 노예로 팔려 유럽으로 간 사람들도 상당수 있었어.

'금속부'는 금속 활자, 금속 예술품, 무기 등을 약탈하는 부대야. 귀중한 금속 활자 20만 자가 일본으로 넘어가 일본 서적을 간행하는 데 사용되었지. '보물부'는 조선의 금은보화와 진기한 물건들을 약탈하는 부대야. 소중한 보물들이 이들 손에 넘어가 일본으로 실려 갔지. '가축부'는 가축을 약탈하는 부대야. 소, 돼지 등 가축을 빼앗아 일본군의 양식으로 사용했지. 일본군에게는 조선의 문물과 사람들뿐 아니라 조선의 식물까지도 노략질 감이었어. 그래서 그들은 자기네 나라에 없는 희귀한 식물을 일본으로 납치해 갔단다.

　　일본 교토의 '지장원'이라는 절 정원에는 동백나무가 심어져 있어. 다섯 색깔의 꽃을 피우고 질 때는 꽃잎이 한 장 한 장 떨어진다고 해서 '오색팔중산춘'이라 불리는 나무야. 이 동백나무는 임진왜란 때 일본군 장수 가토 기요마사가 울산 왜성에서 가져와 도요토미 히데요시에게 바쳤는데 도요토미가 이 절에 기증해 심어졌다고 해. '울산 동

백'은 오랜 세월을 지내는 동안 노쇠하여 가지는 모두 잘리고 밑동만 남아 있지. 지금은 그 2세가 건강하게 자라 120살쯤 되었어.

1992년 5월 27일, 지장원에서 키워진 이 울산 동백 3세가 우리나라로 돌아와 울산 시청 화단에 심어졌단다. 가토 기요마사가 가져온 울산 동백은 지장원 말고도 법연원·서방사라는 절과 카미가모 키타하라의 농가, 나라의 백호사라는 절에 심어졌어. 도요토미가 자신이 총애하는 신하들에게 동백나무를 나누어 주었기 때문이지.

일본의 미야기현 센다이시의 서암사라는 절에는 매화나무가 있어. 이 매화나무는 '조선매'라 불리고 있는데, 이 지역의 영주인 다테 마사무네가 임진왜란 때 출병하여 진주에서 가져가 심었다고 해. 조선매는 서암사뿐만 아니라 센다이시의 미야기 형무소 안에도 있어. 이곳은 다테 마사무네가 와카바야시 성을 쌓고 지내던 성 안 정원으로 지금은 형무소가 들어섰지. 현재 서 있는 매화나무는 조선매의 2세로, 1942년 일본의 천연기념물로 지정되었어.

일본의 나고야 성 광택사라는 절에는 소철나무가 있어. 이 나무는 가토 기요마사가 임진왜란 때 조선에서 가져왔지. 1924년 일본의 천연기념물로 지정되었어. 그 밖에 오이타현 다케다시의 죠호쿠쵸 영웅사라는 절에 있는 조선 목단, 가나자와의 겐로쿠인 근처 교쿠센인이라는 정원에 있는 조선 오엽 소나무 등이 있단다.

 ## 임진왜란 때 조선의 동물들도
포로로 잡혀갔다면서요?

임진왜란 때 일본군이 납치해 간 것은 식물뿐만 아니라 동물도 있었어. 일본으로 건너간 대표적인 동물은 조선 까치야. 일본에는 16세기 이전만 해도 까치가 없었다고 해. 그런데 임진왜란 때 조선에서 까치를 사로잡아 일본으로 가져가면서 일본 규슈 북부 일부 지방에서만 서식하게 되었지.

임진왜란 때 일본군에는 나베시마 나오시게와 나베시마 가츠시게 부자가 지휘하는 사가 군대가 있었어. 이 군대는 조선에 출병하여 싸울 때마다 이겼지. 그런데 그때마다 '카치 카치!' 하며 우는 새소리를 들었다는구나. 그래서 이 새를 행운을 불러오는 길조라 하여 자기들의 고향인 사가현으로 데려갔단다. 일본말로 승리를 뜻하는 '카치'와 까치는 발음이 비슷하지. 따라서 까치를 길조로 여겼다는 거야. 까치는 사가 지방에서 가장 사랑받는 새가 되었어. 이 지역은 목화 재배로 유명한데, 까치가 목화의 해충을 잡아먹는 천적이었거든. 까치는 1923년 사가현의 천연기념물로 지정되었어.

임진왜란 때 일본으로 납치된 동물은 또 있어. 가고시마현의 조선 말이야. 이 말은 130센티미터밖에 안 되는 작은 말로, 일본인들은 소와 같이 생긴 말이라 하여 '우사우마(牛馬)'라고 불렀어. 이 말은 가고시마의 영주인 시마즈 요시히로가 임진왜란 때 사천성 전투에서 열 마리를 얻어 일본으로 가져갔지. 목장에서 방목하여 길러지다가, 1946년 마지막 한 마리가 죽어 완전히 대가 끊어졌어. 이 조선 말은 몸집이 작아서 우리나라 천연기념물 제347호인 조랑말로 추정하고 있어.

30

어려운 사람들을 돕기 위해 쌀 나눔을 실천한 경주 최 부잣집과 구례 운조루의 류 부잣집

경주 최 부잣집은 12대 3백여 년 동안 부를 이어온 명문가였어. '부자는 3대를 넘기기 힘들다.'는데, 그처럼 오랜 세월을 만석꾼의 재산을 지키고 명성을 누릴 수 있었던 비결은 무엇일까? 그것은 경주 최 부잣집에 대대로 지켜 내려오는 가훈이 있었기 때문이야.

경주 최 부잣집의 가훈은 '손님이 찾아오면 후하게 대접하라'야.

조선 시대에는 주막·객사 등의 여관이 있었지만 부잣집에 들러 하룻밤 신세를 지는 경우가 많았어. 특히 최 부잣집은 조선 팔도에 소문이 자자해서 경상도 지방을 여행하는 사람들이 꼭 한 번씩 들러 무료로 숙식을 제공받았지.

최 부잣집에서는 손님이 찾아오면 후하게 대접했어. 최 부잣집은 일 년에 소작료를 쌀 3천 석쯤을 거두어들였는데, 그중에서 1천 석은 집안 식구들의 양식, 또 1천 석은 손님 접대로, 나머지 1천 석은 사방 백 리 안에 어려운 사람들을 돕는 데 썼다고 해.

　최 부잣집에는 하루에 많을 때는 백 명 넘게 묵었어. 이들 손님은 지위에 따라 상객·중객·하객으로 나누었지. 미리 약속을 하고 오는 일가친척, 사돈 등은 상객으로서 사랑채에 모셨어. 최 부잣집에서 알 만한 양반집 사람은 중객으로서 작은집 또는 사촌들의 사랑채로 안내했어. 그리고 이름 없는 선비들은 하객으로서 최 부잣집 근처의 노비 집에서 묵도록 했지.

　최 부잣집에는 손님들을 위해 쌀이 담긴 뒤주가 준비되어 있었어. 손님들이 뒤주에 손을 넣어 쌀 한 줌을 집어 들고 가면 노비 집에서는 이들을 맞이하여 밥을 해 주고 잠자리를 제공했어. 최 부잣집에서는 손님들에게 반찬으로 과메기(말린 청어)를 주었어. 끼니마다 상객에게는 한 마리, 중객에게는 반 마리, 하객에게는 4분의 1마리의 과메기를 주었지.

　최 부잣집에서는 다음 날 아침 떠나는 손님들은 빈손으로 보내지 않았어. 하루치 양식과 과메기 두 마리, 그리고 노잣돈 몇 푼을 쥐어 주었지. 옷이 낡은 손님에게는 새 옷을 입혀 보내는 경우도 있었어.

　경주 최 부잣집의 또 다른 교훈은 '사방 백 리 안에 굶어 죽는 사람이 없게 하라'야.

앞에서 일 년에 거두어들이는 쌀 3천 석의 소작료 가운데 1천 석을 사방 백 리 안에 어려운 사람들을 돕는 데 썼다고 했지? 사방 백 리라고 하면 경주를 중심으로, 동쪽으로 감포, 서쪽으로 영천, 남쪽으로 울산, 북쪽으로 포항에 이르는 지역이야. 사람이 하루에 걸을 수 있는 거리인데, 최 부잣집에서는 사방 백 리 안의 사람들을 고향 사람으로 보았어. 그래서 고향 사람들이 굶어 죽는데 만석꾼이 무슨 의미가 있냐며 굶주리는 사람들을 보살폈지.

이렇게 이웃들의 고통을 외면하지 않고 덕을 베풀었기 때문에 경주 최 부잣집만은 활빈당의 습격으로부터 피해 갈 수 있었단다.

경주 최 부잣집이 영남을 대표하는 부잣집이라면, 구례 운조루의 류 부잣집은 호남을 대표하는 부잣집이야. 류 부잣집 역시 최 부잣집처럼 어려운 사람들을 돕기 위해 아낌없이 재물을 내놓았지.

운조루는 전라남도 구례군 토지면 오미리에 있는 조선 중기의 주택이야. 조선 시대 영조 때 삼수 부사와 낙안 군수를 지낸 류우위가 직접 건축 도면을 그려 영조 52년(1776년)에 건물을 지었지. '운조루(雲鳥樓)'는 '구름 속을 나는 새가 사는 집'이라는 뜻이 담긴 이름이야. 현재 국가 민속 문화재 제8호로 지정되어 있어.

구례 운조루의 류 부잣집에는 유명한 뒤주가 있어. 뒤주에는 '타인능해(他人能解)'라는 글씨가 새겨져 있는데, '어느 누구나 뒤주의 마개를 열 수 있다.'는 뜻이야. 뒤주에는 가로 5센티미터, 세로 10센티미터의 구멍이 있어 누구나 마개를 열어 쌀을 가져갈 수 있었지.

류 부잣집에서 이런 뒤주를 둔 것은 구례 고을에 굶주린 사람들이 많이 있었기 때문이야. 가난한 사람들은 뒤주에서 쌀을 가져감으로써 굶주림을 면할 수 있었어. 보통 한 사람이 퍼가는 쌀의 양은 한두 되쯤이었어. 일 년에 평균 쌀 서른여섯 가마니가 필요한데, 류 부잣집에서는 일 년에 소작료로 쌀 2백 가마니를 거두어들였어. 수확량의 20퍼센트를 가난한 이웃들을 위해 쓰는 셈이었지.

류 부잣집은 쌀을 퍼가는 사람들을 위해 언제나 대문을 활짝 열어 놓았어. 그리고 뒤주를 곳간에 두어 집주인과 마주치지 않도록 했지.

운조루는 다른 집들보다 굴뚝이 낮게 세워져 있어. 그것은 멀리서 밥 짓는 연기가 보이지 않도록 하기 위해서였지. 혹시나 굶주린 사람들이 그 연기를 보고 마음을 상할 수 있으니까.

류 부잣집은 이처럼 어려운 사람들을 먼저 생각하고 따뜻한 마음을 나누는 명문가였어. 그래서 구한말·일제 강점기를 거쳐 해방 후 어려운 시기에도 재앙을 피할 수 있었단다.

병자호란 때 여성 실학자 장계향은 도토리 죽을 쑤어 배고픈 사람들을 먹여 살렸다고요?

『음식디미방』을 쓴 여성 실학자 장계향은 조선 시대에 유일하게 '여성 군자'라 불렸던 인물이야. 그는 경상북도 영덕군 창수면 인량리로 시집을 갔는데, 시집은 해마다 6천 석을 거두는 부자였지.

장계향은 병자호란과 흉년으로 굶어 죽는 사람들이 늘어나자 시아버지와 함께 이들을 구하러 나섰어. 창고를 열어 곡식을 가난한 사람들에게 나누어 주었지. 곡식이 떨어지자 온 집안 식구들에게 도토리를 주워 오게 해 도토리 2백 가마를 챙겼어. 그러고는 이 도토리로 죽을 쑤어 하루 3백여 명을 먹여 살렸다는구나. 어떤 날은 7백여 명이 와서 도토리를 까느라 손톱에서 피가 났지.

장계향은 영양의 두들 마을로 분가한 뒤에는 집 주위에 참나무부터 심었어. 도토리를 따서 죽을 쑤어 배고픈 사람들을 먹여 살리기 위해서였지. 두들 마을에는 지금도 그때 가꾼 참나무 숲이 남아 있단다.

31

공물을 쌀로 받는
대동법이 조선을 살렸다?

조선 시대에 백성들이 내는 세금은 토지에서 나는 곡물을 거두는 토지세, 지방의 특산물을 바치는 공물, 사람의 노동력으로 내는 부역 등이 있었어. 토지세는 논과 밭에 매기는 세금이므로 지주가 냈어. 공물은 나라에서 품목별로 연간 수요량을 정해 고을 단위로 배정하면, 각 고을에서는 개별 호를 기본 단위로 부과해 거두어들였어. 부역은 양반들이 대부분 면제되었기에 평민들이 노동력을 제공했지.

조선 전기에 공물은 집집마다 특산물을 내면 각 고을에서 그것을 모아 중앙으로 보냈어. 그런데 이 제도는 문제가 많았어. 때로는 그 고을에서 생산되지 않는 물건이 공물로 정해지는 것이야. 예를 들면 흑산도에 인삼, 해주에 미역을 바치라고 하는 거야. 그럴 때는

할 수 없이 그 물건이 생산되는 곳에서 사들여 바쳐야 했어. 그러다 보니 비용은 몇 배나 더 들었어. 게다가 공물을 받는 관리들이 일부러 트집을 잡아 뇌물을 챙기거나 규정보다 많은 물건을 내게 해 가로채기까지 했어.

자기 고을에서 생산되지 않는 물건을 구하기 어려워지자, 16세기 후반에는 공물을 대신 내주고 대가를 받는 사람들이 생겨났어. 이런 일을 '방납'이라고 하는데 이를 맡은 사람들은 큰돈을 벌었지. 인삼 한 근 값으로 무명 열여섯 필, 은행 한 말 값으로 쌀 여든 말을 받는 등 공물 값보다 적게는 몇 배에서 많게는 수십 배에 이르는 이익을 얻었거든. 그러다 보니 고통을 당하는 것은 힘없는 백성들이었지.

이렇게 공물 제도가 많은 문제를 드러내자 이를 바꾸어야 한다는 목소리가 높아졌어. 선조 때 율곡 이이는 공물을 쌀로 통일해 받자는 제안을 했어. 그러면 농민들은 농사에만 전념할 수 있고 공물을 대신 내주는 방납인에게 비싼 값을 치를 필요가 없지. 하지만 이 제안은 방납으로 이익을 보는 사람들의 반대로 받아들여지지 않았단다.

광해군 즉위년(1608년), 영의정 이원익은 방납의 문제점을 지적하며 광해군에게 건의했어.

"각 고을에서 바치는 공물이 각 관청의 방납하는 자들에게 막

혀 물건값이 서너 배, 또는 수십, 수백 배까지 되어 그 폐해가 극심합니다. 지금 따로 관청(선혜청) 하나를 설치하여 백성들에게서 매년 봄·가을에 토지 한 결당 여덟 말씩, 모두 합해 열여섯 말의 쌀을 거두어 본청에 보내도록 하십시오. 그런 뒤에 본청은 거두어들인 쌀을 방납하는 자들에게 주어 물가 시세에 따라 특산물을 수시로 사들

여 납부하게 하는 겁니다."

이원익은 백성들이 현물(특산물)로 바치던 공물을 쌀로 토지 결수에 따라 내야 한다고 건의했어. 그리하여 별도의 기관인 선혜청을 설치하여 매년 봄·가을에 백성들에게 토지 한 결당 여덟 말씩, 모두 합해 열여섯 말을 납부하게 한 것이 바로 '대동법'이야.

토지를 가지고 있는 양반 부호들과 벼슬아치들은 대동법을 강력하게 반대했어. 이 법이 시행되면 토지가 많은 사람은 비싼 세금을 내야 하거든. 하지만 광해군이 대동법 실시를 공포하여 우선 경기도에 처음으로 대동법을 실시했지.

대동법이 다른 지방으로 확산되는 것은 쉽지 않았어. 인조 1년(1623년), 강원도에서 시행되었지만 토지를 가지고 있는 양반 부호들과 벼슬아치들이 끊임없이 대동법을 반대했기 때문이야.

인조 16년(1638년), 충청도 관찰사가 된 김육은 충청도 지역에서 대동법을 시행할 것을 건의했어.

"선혜청에서 주도하는 대동법은 백성들을 구제하는 데 꼭 필요합니다. 경기도와 강원도에서 시행했으니 충청도에서 시행하기 어려울 리가 있겠습니까?"

인조는 이 건의를 받아들였으나 조정 대신들이 대동법을 격렬하게 반대했어. 결국 충청도 지역에서 대동법은 실시되지 못했단다.

그러나 김육은 포기하지 않았어. 효종 즉위년(1649년)에 우의정이

된 그는 효종에게 충청도·전라도에서 대동법을 시행할 것을 건의했어. 그리하여 효종 2년(1651년)에 충청도에서, 효종 9년(1658년)에 전라도 연해안 27개 군현에서 대동법을 시행하게 되었단다.

광해군 즉위년(1608년), 경기도에서 시작된 대동법은 점차 확대되어 100년 뒤인 숙종 34년(1708년)에 황해도까지 전국에서 실시되었어. 이리하여 백성들의 부담을 덜어 주고 국가 재정에 큰 보탬이 되었지.

대동법은 조선 경제에 큰 영향을 미쳤어. 대동법이 시행되면서 필요한 물건을 조정에 납품하는 상인이 등장했는데, 이들이 바로 '공인(貢人)'이야. 공인들이 물품을 생산하는 수공업자들과 거래하면서 수공업이 활기를 띠었지. 또한 쌀이 많이 나지 않는 곳에서는 돈이나 베로 세금을 납부할 수 있어, 대동법은 상품 화폐 경제의 발전에도 기여했지. 사람들은 세금으로 낼 돈을 벌려고 지역 특산물 또는 작물을 재배하여 시장에 내다 팔았거든. 그런 가운데 상품을 사고파는 유통 경제가 발달하고 보부상의 활발한 활동으로 시장이 발전했지.

대동법의 실시로 조선은 상공업 발달을 이루었고 새로운 시대를 열어 갈 수 있었단다.

공물로 나라에 바쳐진 특산물은 어떤 것들이 있었나요?

특산물은 어떤 고장에서 특별히 생산되는 물품이야. 지방의 이름난 토산물이 곧 특산물이지. 우리나라에서는 오랜 옛날부터 다른 나라에까지 널리 알려진 특산물이 있었어. 고구려의 단궁은 중국에서 크게 환영을 받았고, 백제의 칠지도는 명검으로 알려져 일본 사람들에게 인기가 높았어. 그리고 신라의 견직물은 중국·일본에서 누구나 탐내는 수출품으로 불티나게 팔렸지.

고려 시대에 다른 나라에도 수출되는 특산물로는 경상도 안동의 돗자리·방석, 전라도 전주의 종이, 평안도 맹산의 송연묵, 전라도 광주의 모시, 경상도 경주의 능라 등이 있었어. 고려 시대에는 상공과 별공으로 나누어 백성들에게 지방의 토산물을 세금으로 바치게 했어. 이것을 '공물'이라고 해. 이 가운데 별공은 지방의 특산물을 수시로 바치는 것이야.

조선 시대에는 다양한 특산물이 전국 각지에서 나왔어. 조선 전기에 공물로 나라에 바쳐진 특산물로는 경상도·전라도·충청도의 면포, 황해도·평안도·함경도의 명주, 충청도 임천·한산의 모시, 전라도 전주·남원의 종이, 제주도의 말, 강원도의 목재, 황해도의 철물 등이 있었어.

광해군 때부터는 대동법이 시행되어 모든 공물을 쌀로 내도록 했어. 하지만 15세기 중반 이후 장시가 전국에 많이 생기면서 특산물이 활발하게 생산되었어. 농민이나 수공업자들이 생산물을 직접 장에서 팔 수 있었기 때문이야. 지방 특산물은 이때부터 집중적으로 생산되어 오늘날까지 그 명성을 이어 가고 있단다.

32

녹두죽이 병자호란 때
남한산성 병사들을 살렸다?

　죽은 곡식에 물을 많이 붓고 푹 퍼지도록 끓여 묽게 만든 음식이야. 금방 쑤어 뜨끈할 때 먹는 죽이 제일 맛이 있지. 그래서 『조선무쌍신식요리제법』이라는 음식 책에는 "사람이 죽을 기다려야지, 죽이 사람을 기다려서는 안 된다."고 기록되어 있어. 죽을 바로 먹지 않고 오래 두면 맛이 변하고 국물이 마른다는 거야.

　죽은 인류가 농사를 짓기 시작하면서 가장 먼저 끓여 먹은 음식이야. 『서경』에는 "황제가 곡식을 삶아 처음으로 죽을 만들었다."고 적혀 있지. 『예기』에는 "나라에 흉년이 들어 굶주린 백성들에게 죽을 쑤어 먹였다."고 했어.

　우리나라에서도 오랜 옛날부터 죽을 먹어 왔겠지만, 그에 관한 기록은 조선 시대에 들어서야 나와. 1795년 발간된 『청장관전서』에는

"서울 시녀들의 죽 파는 소리가 마치 개를 부르는 듯하다."고 했는데 당시에 사람들이 얼마나 죽을 많이 먹었는지 짐작할 수 있지.

조선 시대에 임금은 아침에 일어나면 '초조반(初早飯)'이라 하여 죽을 먹었어. 이때 주로 먹은 죽이 '타락죽'이라 불리던 우유죽이었어. 서민들은 먹기 어려운 보양식이었지.

그러나 당시에는 '자릿조반'이라고 해서 서민들 중에 노인들은 아침에 눈뜨자마자 죽을 먹었어. 이때 주로 먹은 죽이 흰죽, 깨죽, 잣죽, 은행죽 등이었지.

우리나라의 옛날 문헌에는 40여 종의 죽 요리가 나오는데, 곡물을 기본 재료로 하여 여러 가지 식품을 섞어서 쑨 다양한 죽들이 있어. 단순한 흰죽에서 쌀 이외의 곡물로 쑨 죽인 팥죽, 콩죽, 녹두죽, 율무죽, 청태콩죽, 곡물과 채소·나물을 섞어서 쑨 죽인 호박죽, 김치죽, 무죽, 버섯죽, 시금치죽, 콩나물죽, 아욱죽, 쌀과 동물성 식품을 섞어서 쑨 죽인 닭죽, 전복죽, 가자미죽, 붕어죽, 홍합죽, 잉어죽, 쌀과 나무 열매를 섞어서 쑨 죽인 밤죽, 잣죽, 개암죽, 호두죽, 은행죽, 대추죽 등이 있어. 이러한 죽들은 몸이 허할 때 먹는 보양식, 환자가 먹는 환자식, 입맛을 돋우는 식욕 증진식, 밥 대신 먹는 대용 주식, 별미로 먹는 별미식, 곡물이 부족하여 먹는 구황식 등 다양하게 쓰였어.

녹두죽은 해열제나 진통제가 따로 없던 조선 시대에 약으로도 쓰였대. 『동의보감』에는 "녹두가 약물 중독된 것을 해독시키고 열을 내려 주며, 부은 것을 가라앉힌다."고 했거든.

병자호란 때 남한산성에서는 이런 일이 있었어. 인조는 청나라 군대가 쳐들어오자 남한산성으로 피신했지. 청나라 군대는 남한산성을 포위했고, 남한산성 병사들은 수시로 성 밖으로 나가 청나라 군 병사들과 소규모 전투를 벌였단다. 그리하여 부상을 당한 병사들이 생겼지.

당시는 추운 겨울이었어. 추위 때문에 얼어 죽거나 동상에 걸려 고생하는 병사들이 많았지. 부상을 당한 병사들이나 동상으로 고통받는 병사들은 괴로움을 잊고자 술을 달라고 아우성쳤어. 하지만 의관들은 이를 받아들이지 않고 병사들을 민가로 옮겼단다.

그때 허계라는 신하가 인조에게 이 일에 대해 보고하고 이렇게 아뢰었어.

"전하, 병사들에게 술 대신 녹두죽을 끓여 주었으면 합니다."

"그렇게 하라."

인조가 허락하자 병사들에게 녹두죽을 끓여 주었어. 병사들은 녹두죽을 먹고 기운을 차렸지. 녹두죽이 해열제나 진통제로도 효과가 있기에 병사들에게는 좋은 약이 되었던 거야.

당시에 녹두가 그리 흔하지 않아 녹두죽은 왕이나 왕족만 먹을 수 있었어. 할아버지인 영조가 세상을 뜨자, 정조는 슬피 울며 며칠 동안 식사를 하지 않았지. 그러자 어의들은 정조에게 건강을 위해 녹두죽을 권했다는구나. 그만큼 녹두죽은 기력을 회복시켜 주는 최고의 음식이었지.

임금이 말 위에서 죽을 먹었다고 '말죽거리'라 부르게 되었다고요?

인조 2년(1624년) 2월 8일이었어. 인조는 한양을 떠나 신하들과 남쪽으로 피란을 가고 있었지.

"참담하구나. 이괄이 난을 일으켜 이렇게 한양을 내주고 피란길에 오르다니."

인조는 어두운 얼굴로 말 위에서 긴 한숨을 내쉬었어.

인조 일행이 피란을 가는 곳은 충청도 공주 땅이었어. 이들은 서둘러 남쪽으로 향하다가 양재역에 이르렀어.

양재역은 당시에 유일한 교통수단이었던 말을 제공하던 곳이었어.

이곳에는 양재도찰방이 있어, 광주·용인·수원·안성 등 작은 역 열두 개를 관리하며 나랏일로 출장을 가는 사람들에게 잠자리도 제공했단다. 양재역 부근에는 역촌, 즉 '역말'이라 불리는 마을도 있었어.

피란길의 인조는 양재역에 닿을 때쯤 배고픔과 목마름 때문에 견딜 수가 없었단다. 이 소식을 듣고 역말에 사는 유생들이 황급히 달려와 임금에게 팥죽을 바쳤어.

"전하, 이 팥죽을 드시고 기운을 차리십시오."

유생들이 바친 팥죽을 받으며 인조가 말했지.

"고맙구나. 오늘 그대들이 내게 베풀어 준 은혜는 잊지 않겠다."

인조는 갈 길이 바빴기 때문에 말 위에서 죽을 먹고 과천 쪽으로 향했다고 해.

이때부터 이곳은 '임금이 말 위에서 죽을 먹었다.'고 해서 '말죽거리'라 부르게 되었단다.

한편, 이곳 마을에는 말죽을 쑤어 먹이는 집이 많다고, 지방 사람들이 '말죽거리'라 불렀다는 이야기도 있어.

33

조선 시대에는 역관들이 인삼 무역을 했다?

　　조선 효종 4년(1653년)부터 역관들은 사신을 수행하여 중국에 나갈 때 인삼 팔십 근을 나라에서 여행 경비로 받았어. 열 근짜리 인삼을 여덟 꾸러미로 싼다고 해서 '팔포제'라고 하는데, 인삼을 중국에 가서 팔고 비단·비단실 등을 사서 왜관을 통해 일본에 파는 무역 활동으로 큰 이익을 얻을 수 있었어.

　　인삼은 중국과 일본에서 크게 인기를 끄는 중요한 무역 상품이었어. 서울에서 70냥인 인삼이 일본 에도에서는 300냥에 팔릴 정도였어. 중국에서는 청나라 사람들이 몰래 조선으로 숨어 들어와 인삼을 캐 갈 만큼 인기가 높았지.

　　당시에 조선 왕조는 인삼을 파는 개인 무역을 금하고 있었어. 인삼이 외국으로 많이 나가 국내에서 모자라기 때문이었지. 그러자 '송상'이라 불리는 개성상인들은 나라의 단속을 피해 가며 청나라와 일본에 인삼을 밀수출해 몰래 팔았어.

고려 인삼에 대한 인기는 날이 갈수록 높아져 그 수요는 폭발적으로 늘어났어. 하지만 야생인 산삼을 캐는 것만으로는 그 수요를 채울 수가 없었지.

이렇게 되자 개성상인들은 인삼 재배를 시작하여 개성 일대를 인삼밭으로 만들었어. 그래서 거두어들인 인삼을 산삼과 구별해 '가삼(家蔘)'이라 이름 붙였지.

가삼은 위에 거슬려 독이 있다 하여 청나라 사람들이 좋아하지 않았어. 그런데 가삼을 증기로 쪄서 말려 홍삼으로 만들었더니 큰 효험이 있다며 모두 홍삼만 찾았어. 홍삼은 청나라의 무역 상품으로 폭발적인 인기를 누렸단다.

한편, 청나라와 일본이 국교를 수립하자 중국 제품을 청나라에서 사들여 일본에 넘기는 중개 무역을 하던 역관들은 큰 타격을 받았어. 비단·비단실 등 일본에서 인기가 높았던 중국 제품이 일본의 나가사키항을 통해 직접 수입되었기 때문이야.

이리하여 역관들이 중개 무역의 쇠퇴로 빚을 떠안게 되자 정조 21년(1797년), 역관들에게 홍삼 무역권을 주었어.

역관들은 지금의 한강인 경강에 홍삼 제조 공장인 '증포소'를 세워 홍삼을 만들었지.

하지만 홍삼 제조법이 유출되어 서울 상인인 경강상인들이 홍삼을 만들고 의주 상인인 '만상'이 밀무역을 하자 순조 11년(1811년)에 증포소를 개성으로 옮겼어. 그리하여 개성상인들은 홍삼 제조와 무역에 주도권을 잡을 수 있었지.

개성상인들은 인삼 장사로 번 돈을 일제 강점기에 독립군 군자금, 장학금, 교육 사업 등으로 썼다고 해.

역관은
어떤 일을 하는 사람이죠?

역관은 고려와 조선 시대에 통역을 담당한 관리야. 중국·일본·몽골·여진 등과의 외교에서 사신과 함께 외국에 나가거나 우리나라에 외국 사신이 왔을 때 통역 일을 맡아 했지. 따라서 외교에 없어서는 안 될 매우 중요한 직책이었단다.
조선 시대에 역관들은 외국어 통역, 외교 문서 번역뿐 아니라 간첩 활동까지 했다고 해. 『조선왕조실록』 정조 4년(1780년) 11월 27일 자에는 정조가 청나라에서 돌아온 역관 정원시를 불러 청나라의 사정을 자세히 캐묻는 대목이 나와. 청나라의 방어 태세는 어떠하냐, 시장과 수로의 수송 제도는 어떠하냐 묻고는 갑자기 이런 질문을 하는 거야.
"몽골족은 코가 크다지? 어떻게 생겼는지 자세히 말해 줄 수 있겠나?"
"예, 전하. 눈은 쑥 들어갔고 눈썹이 큽니다. 코는 들창코에 얼굴은 나귀 형상이어서, 짐승이나 도깨비를 보는 듯합니다. 몸에서는 누린내를 풍겨 도저히 다가갈 수 없습니다. 사람들은 어찌나 난폭한지 살인도 마다하지 않는다고 합니다."
역관들은 외국을 자주 드나들기 때문에 새로운 문물에 일찍 눈을 떴지. 그래서 망원경, 지구의, 시계 같은 물품뿐 아니라 고추, 고구마, 감자 등을 조선에 처음 전했다는구나.